想象欧洲丛书
Studies in European History

Roy Porter

The Enlightenment
Second Edition

启蒙运动

[英]罗伊·波特 著　殷宏 译

北京大学出版社
PEKING UNIVERSITY PRESS

著作权合同登记号　图字：01-2009-2525

图书在版编目(CIP)数据

启蒙运动 /（英）罗伊·波特著；殷宏译 . —北京：北京大学出版社，2018.5
（想象欧洲丛书）

ISBN 978-7-301-29217-4

Ⅰ.①启…　Ⅱ.①罗…②殷…　Ⅲ.①启蒙运动—研究　Ⅳ.① B504

中国版本图书馆 CIP 数据核字（2018）第 024614 号

© Roy Porter 2001
First published in English by Palgrave Macmillan, a division of Macmillan publishers Limited under the title The Enlightenment, 2nd edition by Roy Porter. This edition has been translated and published under licence from Palgrave Macmillan. The author has asserted his right to be identified as the author of this Work.

书　　　名	启蒙运动 QIMENG YUNDONG
著作责任者	[英]罗伊·波特（Roy Porter）著　殷宏 译
责 任 编 辑	张文华
标 准 书 号	ISBN 978-7-301-29217-4
出 版 发 行	北京大学出版社
地　　　址	北京市海淀区成府路 205 号　100871
网　　　址	http://www.pup.cn　新浪微博：@北京大学出版社 @培文图书
电 子 信 箱	pkupw@qq.com
电　　　话	邮购部 62752015　发行部 62750672　编辑部 62750883
印 刷 者	天津联城印刷有限公司
经 销 者	新华书店 787 毫米 ×1092 毫米　32 开本　5.75 印张　102 千字 2018 年 5 月第 1 版　2023 年 2 月第 3 次印刷
定　　　价	49.00 元

未经许可，不得以任何方式复制或抄袭本书之部分或全部内容。
版权所有，侵权必究
举报电话：010-62752024　电子信箱：fd@pup.pku.edu.cn
图书如有印装质量问题，请与出版部联系，电话：010-62756370

目录

关于注释 / 2
导言与鸣谢 / 3

1 什么是启蒙运动？ / 1
2 目标：人的科学 / 19
3 启蒙运动的政治 / 37
4 以理性改革宗教 / 49
5 谁参与启蒙运动？ / 65
6 统一性或多样性？ / 81
7 运动或是思想？ / 97
8 结论：启蒙运动是否重要？ / 111

推荐书目 / 121
索　引 / 152

关于注释

注释放在方括号中,与推荐书目中的编号对应。必要时,页码放在推荐书目编号之后,用冒号隔开。

导言与鸣谢

20世纪60年代晚期,彼得·盖伊(Peter Gay)对18世纪思想进行精辟研究的两卷本大作《启蒙时代》(*The Enlightenment: An Interpretation*)[61]问世。盖伊先后担任过哥伦比亚大学和耶鲁大学历史学教授。在这部虽近千页但写得简明生动的书中,盖伊对启蒙运动时期尤其是它所引发的问题和代表人物进行了全面研究。书后所附250页的"书目短评"则对这一主题已有的庞大学术成果进行了梳理和点评。

盖伊写作的时期正值启蒙运动研究蓬勃发展之时。在盖伊作品出版后的30年里,大量新的论著相继问世,开辟了许多新的研究方向,并不断挑战传统认知,以至于让人怀疑与盖伊研究成果类似的著作在今天能否以不多于四卷或五卷的篇幅完成,而且参考书目本身就足以构成一卷。况且谁愿意写呢？

鉴于学术界对于启蒙运动的关注已大大提高，因此冀望在 100 页的篇幅里写出任何有价值的东西就显得愚不可及。不过，这种尝试是很重要的，因为很少有学生能够轻易地获取浩如烟海的新出专著，以及日益增多的专业学术期刊。后者所涵盖的领域多种多样，如文学研究、文化史、社会史、妇女研究、思想史、宗教史、科学史等。甚至很少有图书馆能够完整地收藏伏尔泰基金会最为重要的一系列出版物，这一系列现在已出版大约 400 种。

作为一本导读性质的小册子，本书只能谈及上述研究中的一小部分而已，即便是书后所附的"推荐书目"也无法将全部相关论著一一列出。更确切地说，我的处理方式是介绍上一代学者如盖伊 [59; 60; 61]、诺曼·汉普森（Norman Hampson）[72]、莱斯特·克罗克（Lester Crocker）[44; 45]、亨利·梅（Henry May）[103]、玛格丽特·雅各布（Margaret Jacob）[84; 85; 86]、多琳达·乌特勒姆（Dorinda Outram）[109]、J. G. A. 波科克（J. G. A. Pocock）[116; 117; 118] 等人具有代表性的同时也容易获取的专著中提出的有关启蒙运动的主要观点和问题，并评估它们在多大程度上仍然有效，或者反过来看看现在需要对其进行怎样的修正。在某些领域，新的研究已经揭示出了关键性的新信息。而在其他领域，我们对于在有关思想、观念和文化的历史中何为重要问题的认识也已出现了根本性的改变。这是启蒙运动的倡导者们也应该会认可的发展：在狄德罗和达朗贝尔的名作《百科全书》(*Encyclopédie*) 的序言里，就曾出现过有必要创造出全新类型的知识以满足新世界需要的论述 [92; 125]。

因此，我的目标是解释性的、批判性的和史学史的，但我也尽量避免让本书成为一篇实质上只是对近来的学术研究略做点评的"研究综述"。确切地说，我是要尽力写出一部能自圆其说的独立作品。读者会发现下文的章节很少涉及"旧制度"、开明专制或者法国大革命的起源等问题，这不是因为我认为它们与本书主题无关，绝非如此。其原因是本丛书已收录有威廉·多伊尔（William Doyle）[52] 和蒂姆·布兰宁（Tim Blanning）[27] 的优秀著作来讨论这些主题。

我衷心感谢本丛书的编者理查德·奥弗里（Richard Overy）和约翰·布勒伊（John Breuilly）在本书完稿过程中所给予的支持、鼓励和批评。马克·戈尔迪（Mark Goldie）、玛格丽特·金内尔（Margaret Kinnell）、西尔瓦娜·托马塞利（Sylvana Tomaselli）、简·沃尔什（Jane Walsh）、安德鲁·韦尔（Andrew Wear）以及鲍勃·沃尔夫森（Bob Wolfson）也在本书成书过程中提供了意见。他们的热心帮助使我避免了许多错误，谨致以最诚挚的谢意。出版人瓦妮莎·格雷厄姆（Vanessa Graham）在10年前本书第一版出版过程中极富耐心地给予了支持，特卡·巴格利（Terka Bagley）则为此次第二版的印刷出版做出了同样的贡献。这一版让我有机会纠正上一版的错误并得以讨论最新的学术动向，此外也补充了50条参考书目。我还要感谢韦尔科姆信托的理事们在过去的20年间为我在韦尔科姆医学史研究所提供了一个优良的工作环境。谨以此书纪念这家非凡的机构。

用词说明

启蒙作家们通常使用带有性别歧视的语言，例如"（男性）文人"（man of letters）。这种用法大体上反映了当时的现实，毕竟那个时代绝大多数作家都是男性。为此，本书将不会严格遵循现代政治正确的用法。

1

什么是启蒙运动？

200多年前，德国哲学家伊曼努尔·康德写了一篇题为"什么是启蒙？"(Was ist Aufklärung?)的论文。对康德来说，启蒙运动标志着人类的最终成年，也就是人类意识脱离了无知与错误的不成熟状态。他认为这一心智解放的过程在他的一生中都积极地进行着。知识——对自然的理解以及人类的自我认知——的进步会推动这一伟大的飞跃过程继续向前。"敢于认知"(*Sapere aude*)就是康德从古罗马诗人贺拉斯(Horace)的作品中借用的格言。

但在今天，只有最德高望重的历史学家能够像康德那样自信地宣称，我们现在所知道的18世纪的启蒙运动，由当时最主要的知识分子和宣传家们提出的一系列的"进步的"和"自由的"思想与观念，毫无疑问标志着人类进步过程中的一个关键阶段。历史学家有理由对出自过去发言人口中的这些口号提出质疑。无论如何，"圣徒与罪人"的历史故事，讲述了高瞻远瞩的"英雄们"杀死反动的暴君和顽固分子以创造一个更美好未来的场景，现在看来是充满派系观念和偏见的。想要在启蒙运动中找到一个人类进步的完美方案是愚蠢的。认为启蒙运动提出了一系列问题留待历史学家去探索则更为合理。

长期以来，这场运动一直在遭受批评，尤其在英国。"理性的时代"——这一传统上用来描述18世纪思想的合成术语——被维多利亚时期的人们斥为一个充满肤浅和呆板观念、对抽象理性的力量总是骄傲而自负的思想家的时代。（人们认为，启蒙时代的人相信）理性本身就可以提供关于人类、社会、自然和宇宙的所有知识，能够促使他们发起对政治和宗教现状的批判，而且最重要的是，能够为一个乌托邦式的未来提供基础。然而，世界远比启蒙时代的哲学家坐在椅子上空想的情形要复杂（后来的浪漫主义者也如此认为），尤其是想象力、感觉、传统与历史的有机力量，以及关于灵魂的神秘现象。启蒙运动时期的学说有时是可笑的，有时是有吸引力的，但总体上是肤浅的，其危险的程度令人恐惧。它大肆夸耀的博爱主义导致了法国大革命时期及其后违反人性的罪行的发生（许多维多利亚时期的人们如此认为）。今天被称为后现代主义者和保守主义者的冷漠无情的批评家们仍然持有类似的观点 [126; 146; 160]。

在19世纪，很少有人善待"理性的时代"。浪漫主义者认为它是没有灵魂的，保守主义者则批评它过于激进，与此同时，激进主义者则因为发现其领导者尤其是伏尔泰本质上是世俗的精英主义者和沙龙的健谈者而非革命活动家而感到哀伤。只有在20世纪,当我们了解到思想与行为之间真实存在的复杂关系之后,我们才逐步体会到了启蒙运动微妙的讽刺意味。

首先,现在所有历史学家都认为,将18世纪称为"理性的时代",具有极大的误导性[61]。在那个世纪,许多顶尖的知识分子本身都不认同17世纪信奉理性主义且建构起整套体系的哲学家,尤其是笛卡儿(他认为"清晰、判然的观念"对于理性来说是不言自明的)和莱布尼茨。他们批判这些17世纪理性主义者的程度之激烈,如同他们反对最初在中世纪由圣托马斯·阿奎那(St. Thomas Aquinas)所创立("托马斯主义")、后在天主教宗教改革时期进一步发扬光大的理性主义经院神学一般,后者在他们眼中只是文字的诡辩而已。在牛顿自然科学大受认同的背景下,启蒙运动时期的"男人们"①认为经验和实验,而非先验的推理,才是获得真知识的关键[135]。人本身不仅是思考的动物,也是感觉的动物。诚如同戈雅所说,"理性沉睡,心魔生焉"②,但是如果离

---

① 事实上,几乎所有重要的启蒙运动思想家都是男性。关于女性在启蒙运动中的作用,见下文第5章。
② 弗朗西斯科·戈雅(Francisco Goya,1746—1828),18世纪晚期至19世纪早期的西班牙浪漫主义画派画家,其画作想象力丰富,充满颠覆性,对后世画家如马奈、毕加索等影响极大,被誉为最后一位旧(转下页)

开了经验和感觉，理性也同样会走向谬误与荒诞，这一点伏尔泰在其哲理小说《老实人》(*Candide*, 1759) 之中，就以讽刺的方式展现了出来。书中的配角人物邦葛罗斯博士 (Dr. Pangloss) 盲目相信莱布尼茨的形而上学主张，认为"在这最美好的世界上一切都在走向美好"，结果他却对于在他"最好的鼻子"底下正在发生的一切残忍与痛苦之事完全视而不见 [61: vol. 1, 197; 158]。

如同盖伊所强调的那样，启蒙运动的支持者们既非认为理性等于一切的理性主义者，也非让感觉、信仰、直觉和权威来控制其判断力的非理性主义者 [61: vol. 1, 127f.]。他们批评所有这些过于简单化的极端思想，因为他们最重要的身份是批评家，目的是要将人类的理智用作理解人性、分析人的社会存在以及人所处自然环境的工具。这样的认识将会为一个更美好世界的建立奠定基础。

他们自称"哲人"，该词的法语形式为 *philosophes*，由于该词没有一个准确的英语单词来对译，因此下文将以该词作为这一群体的名称 [偶尔也会用德语的"启蒙者"(*Aufklärer*) 一词]。不过，我们切勿认为他们类似

(接上页) 式大师，同时也是第一位现代大师。"理性沉睡，心魔生焉"(El sueño de la razón produce monstruos) 是其随想系列 (Los Caprichos) 80 幅铜版画中第 43 幅的画名，该画创作于 1797—1799 年。——译注

于今日典型的哲学教授，后者只会在其学术的象牙塔中为词语之间的细微差异而感到痛苦。确切地说，他们是世俗之人——报刊编辑、宣传家、激进主义者，不仅试图去理解世界，而且还要去改变它。狄德罗和达朗贝尔的《百科全书》将"哲人"定义为"摒弃偏见、传统、普世的共识与权威——一句话，所有禁锢人们头脑之物——并敢于为自己而思考"的人。伏尔泰挺身而出，参与抗议18世纪60年代一系列名噪一时的司法案件中法律不公的运动；哲人兼经济学家的杜尔哥（Turgot）还曾一度担任法国的财政大臣；美国最重要的知识分子、费城的本杰明·富兰克林（Benjamin Franklin）则使得电学为人所知，不仅发明了双焦眼镜和避雷针，还在新生美利坚合众国的建立过程中发挥了关键作用[17; 103]。

在往日，哲人们被嘲讽为独断的系统建构者，只会沉迷于自鸣得意的经济方案以及"存在于大脑中的空虚乌托邦"，然而，对狄德罗和孔多塞（Condorcet）等知识分子更为全面的了解打破了这种传统印象[19; 125; 164]。最重要的是，我们在描述他们的思想时应避免过于简单化。他们经常使用通俗的语言，为的是能在人民当中普及他们的思想。他们经常用口号来表达观点（他们需要如此，以便人民能够倾听），但是，在这些口号的背后存在着许多微妙之意。大约从1760年开始，伏尔泰开始抨击宗教的种种罪恶,并提出了一个著名的口号"消灭臭名昭著的东西"(*Écrasez l'infâme*),但如果就此得出结论,认为伏尔泰对所有的宗教全面开战,那就有失肤浅(见下文第4章)。20世纪警察国家的经验应该可以告诉我们,为何哲人们在不同形势下的说话方式不尽相同:他们时而直言不讳,时而为了避免无处不在的审查而以谜语或寓言的形式长篇大论 [48]。坦率的谈话并不总是可行或有效。

一旦清除掉根深蒂固的神话和偏见,我们就可以开始重新评估启蒙运动的性质和意义,不过这并不容易。在20世纪60年代这一最乐观的环境下,盖伊写出了一部耀眼而同时又富有同情心的启蒙运动著作。他在书中将启蒙运动刻画为一个整体("只有一个启蒙运动" [61: vol. 1, 3]),是由一群大体上相互认识同时又相互欣赏,或者至少熟悉彼此作品的人所发动的。他们来自欧洲的主要国家和英属北美殖民地。他们当中有法国人,如孟德斯鸠、伏尔泰、狄德罗、达朗贝尔、杜尔哥、孔多塞;有英国人,如约翰·洛克(John Locke)、大卫·休谟(David Hume)、爱德华·吉本(Edward Gibbon);有日内瓦人,如卢梭(Rousseau);有德意志人,如霍尔巴赫(d'Holbach)、康德、赫尔德(Herder);有美国人,如富兰克林。他们是盖伊所说的哲人的"家族"或"小圈子"

的核心人物，活跃于18世纪20年代直到80年代崭新的美利坚合众国成立前夕，此时也是法国大革命即将爆发的时期。此外，还有许多其他人物，他们的贡献只是稍小一点，影响力也仅是稍弱一些：心理学创始人拉美特利（La Mettrie）、孔狄亚克（Condillac）、爱尔维修（Helvétius），功利主义的创立者杰里米·边沁（Jeremy Bentham），意大利的刑法学家和死刑刑罚的反对者贝卡利亚（Beccaria），政治经济学的集大成者亚当·斯密（Adam Smith），美国宪政自由权利的缔造者杰斐逊、亚当斯和汉密尔顿等。

盖伊也愿意承认，与每一个关系亲密的家族里的成员一样，他们之间也存在着分歧，但他强调他们在根本问题上的态度本质上来说是一致的。他们都致力于批判社会不公，揭露旧制度的无能；致力于通过知识、教育和科学，将人类从无知与谬误、迷信、神学教条，以及教士的阴魂影响中解救出来；致力于灌输一种对美好未来充满希望的新态度（盖伊巧妙地称之为"勇气的恢复"[61: vol. 2, ch. 1]）；致力于为创造更大的繁荣景象、更公平的法律、更温和的政府、宗教宽容、思想自由、专业的行政管理，以及更为重要的个人自我意识的强化而投身实际行动之中。正是由于盖伊对这一"博爱党"（Party of humanity）所做的全面的群像描绘，哲人们不再被讥讽为一群脑袋尖尖、卖弄知识的装腔作势之人 [59]。

不过,盖伊的研究只能作为解释启蒙运动的出发点,而非终点。如果深入挖掘档案文献或者从新的视角来思考,我们就会发现许多问题依然有待解释。首先就是将军与士兵的关系问题。盖伊做出主要研究启蒙运动当中"伟人"的决定当然是出于对伏尔泰与卢梭等人崇高声誉——在许多人看来是"恶名"——的尊敬。保守派经常谴责这些人物,就好像他们单枪匹马地发动了法国大革命一样。盖伊的策略使他能够深入到表象之下,揭示出他们复杂的一面,他们会为了应对形势的变化而改变自己的思想,而不仅仅只是书脊上的名字而已。

但是,近来的学术研究不再只将目光投向这些"顶尖的精英",而启蒙运动的"温床"则获得了更多的关注。是什么样的文化生活、什么样的作者和读者群让这些巨人得以蓬勃发展?他们的学说是在怎样的条件下传播到广大的读者那里?谁在他们死后继续完成他们的使命?除了"上层启蒙运动"之外,难道没有一个"下层启蒙运动"吗?难道不存在一个"大众的启蒙运动"来作为对精英启蒙运动的补充吗 [47; 84]?这些是第5章将要讨论的问题。

是把启蒙运动视为一场主要由一小部分杰出人士充当先锋的精英运动,还是视之为在一条宽广的阵线上汹涌向前的思想潮流，这一选择显然会影响到我们如何评判这一运动的意义。领导层越小，启蒙运动就越容易被描绘为是一场思想上的激进革命，是用泛神论、自然神论、无神论、共和主义、民主、唯物主义等新的武器来与几百年来根深蒂固的正统思想做斗争的运动。我们兴奋于伏尔泰怒吼声中发出的伟大呼喊即"消灭臭名昭著的东西"以及"让中产阶级震惊"（Épater les bourgeois），这些口号让教会与国家战栗不已。

但是，另一种解释也是有可能的，即强调应减少对那些位于风暴中心的少数人的关注，而要更为关注那些在欧洲各地不断增加的能言善辩的、富有修养的男男女女。丹尼尔·罗奇（Daniel Roche）将这些人称为"有修养的人"（gens de culture）[130]；他们普遍都受过教育，活动于"公共空间"[69]，为自身进步主义的观点和"文雅的"生活方式而自豪，对伏尔泰等人略懂一二——可能只是当作一种炫耀，但有时也确实是一种新生活方式的一部分。

这种观点也就意味着，要将启蒙运动视为在旧制度内部发生的一场突变，而非由一支志在摧毁它的暴力革命队伍掀起的运动。那么启蒙运动是一场思想上的先锋运动吗？或者要将其看作文雅上流社会创造的一个普通名词吗？此外，无论在哪一种情况下，启蒙运动是否真的改变了它所批判的社会呢？或者说是不是它反而被这个社会改变了，并被它所吸收了呢？换言之，是权力集团得到了启蒙，还是启蒙运动被融入权力体系之中了呢？这些问题将在下文第6章、第7章和结论部分予以阐释。

许多其他问题的解释取决于我们是将启蒙运动视为发生于一个充满敌意的环境中的"好战运动"（充满讽刺的是，吉本也曾这样描述早期基督徒的活动），还是一个影响更为广泛的思想运动。首先，我们必须提出启蒙运动在推动变革方面的实际影响这一问题。盖伊恰如其分地强调说，哲人们蔑视那些天马行空的空想家，他们倡导的是马克思主义者后来所说的"实践"（得到理论指导的实际活动）。当狄德罗应叶卡捷琳娜二世之邀访问俄罗斯时，他向女皇详细解释说，这个国家当前最急需的是工匠和技工 [42: ch. 4]。伏尔泰也在他的道德寓言《老实人》的结尾，借英雄人物之口说道："我们必须照料我们的花园。"（换句话说，要行动起来。）①

但是，如果（如盖伊所说）哲人这个群体是"渺小的"，而且如果他们当中的多数人赖以谋生或者闻名的

---

① 这只是那本充满含蓄双关的书中最后一个模棱两可之处：伏尔泰的这句话也有可能具有某种面向个人的含义：我们必须处理好自己的事情。

手段是写作而非参政,我们还能现实性地期待他们一个个都能在历史舞台上成为拥有改变人类进程之力量的拿破仑吗?确实,爱德华·吉本担任过很多年英国下议院的议员,但众所周知的是,他从未在议会单独发表过任何一次讲话[119]。

当然,他们对人们的观念与行为的影响定然是复杂的。伏尔泰从未担任过公职一事并不重要,因为,我们可以发现,他多年来一直都在与"开明君主"也就是普鲁士的腓特烈二世(大帝)保持着联系。然而看起来腓特烈非但没有留意伏尔泰的建议,反倒希望这位哲人能够听从他!当然,腓特烈思想先进(他公开反对宗教信仰),并对王国政府进行了现代化改革。然而,在高度人性化的表象之下,腓特烈治下的普鲁士作为一个漠视个人公民权利和政治权利的军事化的、渴望战争的国家,它歪曲而非实现了"博爱党"的真正目标[59; 60; 22]。

这里的关键之处与其说是人格的影响力问题,或者说是善意与恶意的问题(亦即"玩世不恭的开明专制君主们是否恶意利用了天真的哲人们"的问题),毋宁说是启蒙运动理想的目的与作用问题。哲人们宣称,批判理性将会带来自由。他们认为,理性和科学将会使人更为仁慈和幸福,不过近来有部分学者提出,结果恰恰相反。当统治者和官员们注意到理性的推动作用时，只会使他们的权力得以扩大，权威得以提高，付出代价的则往往是穷人、弱者和失语之人[55; 56]。部分哲人如魁奈（Quesnay）和米拉波（Mirabeau）——人称重农主义者——认为，自由贸易将会促进繁荣，但当法国的粮食贸易最终解除管制时，获利的是商人，而穷人则大受其害[104]。与此类似，部分学者称，恰是哲人们所支持的削弱宗教的主张，导致了法国大革命恐怖统治时期的道德虚无主义[45; 146]。

据此，德国哲学家霍克海默（Horkheimer）和阿多诺（Adorno）在其《启蒙辩证法》（*Dialectic of Enlightenment*）一书中认为，理性如此频繁地与"绝对主义"亲密结合并非偶然[80]。原因是，理性与科学并不会促进自由，相反，由于它们强调要对真伪和对错做"绝对"区分，反对价值观的多元化，因此会促进绝对主义思维方式的形成。沿着同样的思路，法国哲学家米歇尔·福柯（Michel Foucault）认为启蒙运动的原则和绝对主义的政策以理性施政的名义相结合，进而催生了残酷的社会政策。例如，许多不适应社会环境之人，例如老人、病人、乞丐、轻罪犯以及疯子，都被驱赶出了街道，并被当作一种"非理性的"社会渣滓而集中关押在收容所中。这里所谓"开明"的行为实际上是迫害[55]。后现代主义者认为启蒙运动假装宣传宽容和多元论,但却推动了帝国主义理性中绝对主义的形成 [49; 126]。因此,不要急于赞扬启蒙知识分子尝试解决社会问题的举措,我们也要去衡量其政策在实际生活中的意义,以及对思想意识的影响。为乞讨者及其依赖救济而生的屈辱生活哀叹是一回事,但找到解决以贫困为征兆的各种问题的有效措施则是另一回事。本书第 3 章和第 4 章将分别考察启蒙运动的政治宣言与宗教宣言。

众所周知,让-雅克·卢梭很久之前就认为,其他哲人以理性、文明和进步的名义所提出的政策中,多数实际上只会使人类的自由、道德和幸福日益减少 [68]。这个日内瓦人与伏尔泰的无信仰论和霍尔巴赫的唯物主义做斗争,因为这两者在他看来都是堕落的。但卢梭始终都被后人视为启蒙运动的一座灯塔,这也确实名副其实,因为在痛恨旧制度的程度上无人能出其右。如果说如此千差万别的改革者们都能在启蒙运动的旗帜之下战斗,难道这不就表明"启蒙运动"这个词语的内涵并不清晰,只让人徒增困惑吗?

问题是真实存在的,但这并非启蒙运动所独有。没有这些概念,概括归纳就变得不可能。在实际生活中,我们时常离不开这些不合时宜的词汇,毕竟时人并不会主动为自己打上诸如改革者、激进派、保守派等标签。

无论如何,所谓"启蒙运动"的领军人物确实认为,自己给那些蒙昧之人带来了光明。

不过,我们所谓的启蒙运动有一个源自于以下事实的特别问题,即与历史上某些发挥媒介作用的组织如政治团体、宗教派别等不同的是,它并没有一个正式的章程、信条、方案或党派组织,也并不局限于某种明确的"思想"和"主义"。"非国教派"反对英格兰国教会,"宪章派"支持人民宪章,但启蒙运动并没有一个共同的纲领,"博爱党"也没有政党宣言。因此,启蒙运动必然呈现出形态不一、多种多样的面貌。

不过,承认这一点并不意味着完全弃用启蒙运动这个提法就会更好,相反,我们应该面对这场运动的多样性。因此,我们可以看到,一方面如前所述,彼得·盖伊认为"只有一种启蒙运动",而亨利·梅则令人信服地在北美发现了四种类型相当不同的启蒙运动 [103]。我们不妨接受梅的启发,进而可以发现这种多样性,或者说公开信条的缺失,也正是 18 世纪知识分子的激进主义最有特色、最有价值的特征之一:也许这是其特殊的优点,但如果与纲领完善的组织如耶稣会相比,也可能是其致命的缺点。

难以忽略的一个事实是,尽管启蒙运动推崇"世界主义",但其特质、关注重点和发展方向却是因地、因国而异。本书第 6 章将讨论这一点 [139]。当我们在最后一章衡量"伟人世纪"(siècle des lumières)的影响和意义时必须记住启蒙运动的这种高度多样化的特点。如果我们对正反两方面的观点都弃之不顾,断定法国大革命并非源自启蒙运动,这一结论是否过于肯定,如同说共产党并未在某些国家发动无产阶级革命一样?受到启蒙的活动家们也许从未设想过如此明确的目标。

因此,当最后我们要评价启蒙运动的成就时,如果还期待能够发现某一特定人群实施了一系列被称之为"进步"的措施,那就大错特错了。与之相对,我们应当从以下方面进行评判:是否有许多人——即便不是全体的人民大众——的思维习惯、情感类型和行为特征有所改变。考虑到这是一场旨在开启人民心智、改变人民思想、鼓励人民思考的运动,我们应该会预料到,其结果定然是多种多样的。

确实,如果我们将启蒙运动视作欧洲历史上那个随着识字能力和富裕程度的提高以及出版物的传播,进而世俗知识分子崛起为一个相对独立的社会力量的关键点,那将会有助于我们的理解。接受教育不再如通常那样主要是国王官员或者教会代言人的特权。笔杆也许不如刀剑那般强大有力,但启蒙运动中的词句确被证明是危险的武器。以笔为武器者不是向专制君主卑躬屈膝的御用文士，而是海盗，即思想的劫掠者，正是他们使得"自由社会"的思想混乱状态延续至今。本书的结尾部分将对以上论断予以更为详细的阐释，不过，首先有必要对哲人们努力推动的思想革命进行考察。

2

目标：人的科学

在启蒙思想家追求的种种目标中,最为重要的就是寻找一种真正的"人的科学"。不同思想家对此的认识并不相同。哈特利(Hartley)、拉美特利,以及其他的"唯物主义者"(否认"思想""精神"或"灵魂"独立存在者)希望,在医学和科学基础上发展人的生理学,将人视作一种精巧的机器,或者可能只是一种最为成功的灵长类动物 [150]。一些人如洛克、爱尔维修、孔狄亚克则认为,首先需要研究的是人类思维过程的机制 [71; 144]。其他人如意大利人维柯(Vico)则提出,理解人类的最佳方式是追溯人类从某种原始状态或自然状态——有人认为这是人类的黄金时代,也有人认为是野蛮时代——发展起来的过程和阶段 [134]。也有人如孟德斯鸠和休谟认为,人的科学的关键在于对规范个人与社会互动行为的政治与经济的法律进行分析 [104; 115; 31]。

不过,无论不同思想家之间观点的差异有多大,他们仍有一个共识,那就是如亚历山大·蒲柏(Alexander Pope)所说,"人类正当的研究对象,就是人自己"。许多人支持苏格兰哲学家大卫·休谟创建政治学并成为"道德科学(或者就像我们今天所说的人文与社会科学)领域的牛顿" [31; 57; 108]。如果能够理解为何追寻人的科学既富有魅力又让人忧心,那就意味着我们触及到了启蒙运动这一思想冒险活动的核心。

自从雅各布·布克哈特(Jakob Burckhardt)的经典名著《意大利文艺复兴时期的文化》(*The Civilization of the Renaissance in Italy*)[32]一书在19世纪中期问世以来,人们经常说"人"(与基督教朝圣者亚当之子不同)的发现,尤其是形成人的"个性"思想是近代早期意大利的光荣。这种说法有其真实性,并且在勇敢者——如提出那道怀疑论问题"我知道什么?"(*que sçais je?*)的16世纪法国学者蒙田——手中,文艺复兴人文主义能够使人学会反省人类的状况。莎士比亚就曾借哈姆雷特之口嘲讽说:"人是一件多么了不起的杰作!"[61: vol. 1, ch. 5]

不过,文艺复兴所发现的"人"通常是一个相当传统的形象。他仍然是那个基督教的上帝最初在伊甸园按照自己的形象完整创造出的完美造物。就此而论,文艺复兴的人文主义哲学与路德或者特伦特会议(Council of Trent)的神学信仰一样,全然是基督教式的。不过,外观上被艺术家刻画为比例匀称、端庄优美的裸体或者形状规则的"维特鲁威人"(Vitruvian man)的文艺复兴时期的人,仍然可以被描述为整个宏观世界的微观缩影(人的小世界是宇宙大世界的象征)。除了哥白尼之外,几乎16世纪所有的思想家都相信古希腊科学家最早提出的宇宙论，即认为宇宙以人为中心、以地球为中心，而人是衡量神创宇宙体系的标准。同样地，大多数文艺复兴时期的学者都信心十足地将人类历史沿着一条连续的谱系追溯至亚伯拉罕、诺亚以及最初的人类亚当。人从而在时间和空间上都保持着神赐予的固定不变的位置。

必须承认，文艺复兴对古希腊和古罗马文化的推崇让那些宣扬基督是为了将人类从异端的罪与过错中拯救出来而死的福音派教会人士感到烦恼。不过，文艺复兴人文主义对古典文化的热爱所产生的广泛影响，在于加深了人性与命运相协调这一令人感到安慰的观念。伦理学家们认为，从古典时期的诗人、哲学家、伦理学家、历史学家和政治家身上——尤其是从色诺芬（Xenophon）、塞内加（Seneca）、西塞罗（Cicero）和李维（Livy）等人那里——人们可以勾勒出可供真正文明之人效仿的道德模范形象，而这与基督教对灵修生活与灵魂得救的日益重视也不冲突。

因此，文艺复兴强调人可以拥有两种互不冲突的目标。它复兴了古典文化，从而重新恢复了一种社会与政治生活的世俗标准。它同时也将古典时期的高贵理想与体现在圣经之中并得到教会肯定的基督教赎罪论结合了起来。这两种目标将好人与好基督徒合为一体，在长达百余年的时间里都为世人所广泛认可。

然而,二者之间慢慢出现了裂痕。一方面,从宗教改革到1648年三十年战争结束期间,在欧洲肆虐的宗教战争与王朝战争不可避免地动摇了文艺复兴的乐观信念,即认为人是一种高贵的生命,注定要通过参与国家公共生活实现自身价值。马基雅维利愤世嫉俗的人性悲观论则得到印证。另一方面,随着历史学术研究的进步,一种新的历史观开始出现,并最终戏剧性地揭示出了以希腊罗马古典文化为象征的"旧世界"与以国家治理与外交、枪炮、印刷机为象征的"新世界"之间明显的分界线[33]。此外,真正的"新世界"——不为古人所知的美洲——正逐渐被文艺复兴的人们所发现,而随着异国野蛮的异教生活景象逐渐为人所知,文艺复兴时期知识分子惬意的想象——即认为佛罗伦萨是现代的雅典,而神圣罗马帝国就是昔日罗马帝国的继承者——也遭到了挑战。

更有甚者,17世纪对思想的冲击后来被证明远比16世纪更为强烈。开普勒、伽利略、笛卡儿及其后辈所开创的天文学、宇宙学、物理学等"新科学"摧毁了旧的以人为中心的宇宙结构,也就是希腊科学和圣经都宣扬的以人自身为焦点的封闭小宇宙。在17世纪,经过从开普勒到牛顿等一众科学天才的研究而得到认可的哥白尼天文学,将地球及其上面附着的人类从宇宙的中心驱逐了出去。地球只是一个无关紧要的小型星体,在让人敬畏的无垠宇宙(现在可以通过新研发的望远镜进行观测)中毫无特别之处,宇宙的苍茫曾让帕斯卡①也感到害怕[40; 74; 121]。

"原子论"科学家认为自然只是由物质的粒子构成的,粒子又是受可用数学表达出的普遍定律所约束的,而由他们所倡导的新"机械论哲学"当然可以说是研究和归纳的巨大胜利。不过他们认为,人们一直以来称作"大自然母亲"的存在是无生命、无人性的。不仅如此,法国科学家和哲学家笛卡儿更认为,除了人以外的所有生物都只是机器,连意识都没有。这种观点不可避免地引发认为人本身可能只是另一种机器的思考,而这种机器则容易受到自负情绪与自我欺骗的影响[84]。

17世纪早期的玄学派诗人约翰·多恩(John Donne)称:"新哲学怀疑一切。"如果我们据此推断说"新科学"的发现让所有的思想家都充满怀疑和绝望,那就大错特错了。不过,面对自然理论的这种激进转变,许多人还是认为关于历史、自然和人类命运的既有观念需要重新

---

① 布莱兹·帕斯卡(Blaise Pascal, 1623—1662),17世纪法国著名的数学家、物理学家、发明家与作家。——译注

审视。

另有一个令人不安的因素在17世纪下半期变得越来越明显。自从新教和天主教的宗教改革开始以来,新教和天主教双方的圣经研究者和神学家围绕着基本信条展开了一场激烈的论战,争辩的核心议题包括真正的教会由谁组成、在哪里以及是什么,其权力来自何处,是否圣经中的每一个字都是受到神灵感召的并且都是真实的,等等。

在一些思想自由并具有好问精神的思想家看来,这些通常显得激烈十足却又毫无意义的争论必然会削弱教会的道德权威。更严重的是,论战促使思想敏锐、品德正直的学者直面有关人类历史与命运的深刻问题,而这些问题虽然在仔细阅读圣经时会不由自主地产生,但(现在看来)并不容易找到答案。世界是否真如圣经所说只有6000年的历史?亚当真的是第一个人类吗?是否真的有一条蛇与亚当和夏娃在伊甸园里进行过对话吗?公正仁慈的上帝真的在大洪水时期消灭了诺亚一家以外的所有人类吗?那场洪水的水又是来自何方,去往何处呢?大洪水是一个奇迹吗?或者是否可以将它——也许圣经中记载的许多其他奇迹也可以同样对待——按照今天的现代科学的理解,解释为大自然普遍规律作用的结果?是否太阳果真在耶利哥(Jericho)被围攻时为约书亚（Joshua）保持静止？这一类疑问又暴露出了数以百计的问题，涉及历史、道德、科学以及神学等方面，由此产生的事实与信仰的冲突成为基督徒需要解决的紧迫问题。神启宗教的权威受到质疑，因此必须找到某种发现真知识的更好办法。

曾经为了躲避路易十四迫害而到荷兰避难的非正统胡格诺教徒皮埃尔·贝尔（Pierre Bayle）编纂的《历史与批判词典》（*Dictionnaire Historique et Critique*，1697）让这种疑虑和困境变得更为突出。贝尔还以让人感到是在暗地里攻击基督教的方式突出异教信仰既幼稚又荒谬的一面。对于贝尔是否本质上是一个唯信论者，即相信服从信仰的权威是基督徒责任的信徒，并以此信念作为一种克服理性怀疑的手段，或者是否与之相反，他是一个以让人疑虑和困惑为乐的怀疑论者，学者们众说纷纭。无疑他十分善于掩饰自己的思想 [74; 75; 84; 134]。

从 17 世纪下半期开始，欧洲许多伟大的思想家得出结论，认为要理解人类真正的历史和命运，无论是依靠对圣经不容置疑的信仰还是习惯性地依赖古希腊罗马思想家（"古人"）的权威都是不够的。我们还没有完全了解人的本性，必须以此作为研究的主题。而要正确地推动这项研究，就必须采用自然科学家（"现代人"）在天文学、物理学和解剖学领域成功开创的"科学方法"

[61: vol. 2, ch. 3; 70]。

笛卡儿倡导的系统性怀疑、实验法、依赖一手经验而非二手权威,以及对自然规律的信任等——这些手段将揭示人作为社会中一种有意识生命体的诸多规律,正如同它们揭示出由牛顿所证明的重力如何支配太阳系内行星运行的规律一样。休谟在谈及要成为"道德科学的牛顿"时,所指的正是与自然科学的类比 [28; 31; 115]。对于启蒙运动时期的新"社会科学家"来说,现在需要对基督教和异教的古典思想家阐释的既有"真理"重新审视;至少在这一方面,"现代人"在人们通常说的"书的战争"(即关于现代人是否真的比古希腊人优秀的争论)中赢过了"古人"[90]。

弗朗西斯·培根(Francis Bacon)相信自然科学的方法将会推动"知识的进步",这些新获取的知识会带来力量,进而如培根所言"使万事皆有可能",这让倾心于启蒙运动的人们感到鼓舞。伏尔泰也在其《哲学书简》(*Lettres philosophiques*, 1733)一书中强调,牛顿的成就切实地证明了科学是人类进步的关键 [73]。或者又如亚历山大·蒲柏所写下的这样两行诗:"自然以及自然规律隐藏在暗夜之中 / 上帝说,让牛顿来吧!一切遂臻光明。"罗马天主教会选择宣布哥白尼学说为异端并迫害伽利略,这只不过证明了真理一直都有敌人。不过,真理是强大的，终将会取得胜利。

法国历史学家保罗·阿扎尔（Paul Hazard）将17世纪晚期的混乱和动荡称为欧洲思想的"危机"[74; 75; cf. 88]。启蒙时代的思想家认为，克服这场"危机"的办法就在于以科学的方式理解人。按照这一思路，一个最常采用的办法是构建"人的自然史"，以取代传统的旧约"神史"。许多哲人试图利用经验、想象或系统方法提出一种历史的或者人类学的观点，将欧洲人的兴起追溯至被视为是其早期源头的野蛮状态，认为这可以从探险者开始在非洲大陆最深处、美洲以及后来的澳大利亚发现的处于原始状态的部落推断出来[31]。

为用科学来检验这些原住民进步的能力，他们有时候还被带到巴黎或者伦敦，在那里接受上流社会的测试。一位名叫欧麦（Omai）的波利尼西亚人就是这样被从当时新发现的塔希提岛（Tahiti）带回来的。在欧洲森林中发现的野孩子（*enfants sauvages*）也被用来做类似的实验。赫尔德、孔多塞以及苏格兰哲学家亚当·弗格森（Adam Ferguson）、约翰·米勒（John Millar）等人相信，人类有更加进步的未来，相信人在世俗社会可以日臻完美。这一信念的前提就在于相信大多数人类已经从"野蛮"走向了"文明"，从"粗鲁"走向了"文雅"，或者说，从野蛮人变成了苏格兰人[31; 19; 79]。

当然，如果不相信人类的能力具有非凡的适应性，如果对人类学习、改变、适应和成长的能力缺乏充分的信心，那么要相信人类具有进步的能力就会变得难以想象。原教旨主义的基督教神学家，无论是天主教还是新教，传统上都认为人由于"人类堕落"的"原罪"而存在难以补救的缺陷：如果没有信仰或者教会圣礼的帮助，那么人所做的一切都是邪恶的。古典时期的悲观主义哲学家也认为由于人的理性这一高贵天赋能够被反叛的欲望和激情轻易征服，因而人不可避免地要与自己展开永恒的内战。因此，斯多噶派认为，实现与更为低贱的自我某种程度上的分离，是人类预期之中可能达到的最佳状态[154]。

与此相对，在启蒙运动对待人性的新观念中，原罪观念被认为是不科学的，它缺乏事实基础；而爱、欲望、骄傲、野心等激情也并非必然是邪恶的或破坏性的，如果加以正当的引导，它们可以促进人类的进步[45]。在伯纳德·曼德维尔（Bernard Mandeville）充满悖论的论述中，"个人的恶"（如自负或贪婪）也可以促进"公共利益"（例如，通过刺激消费从而提供就业机会）[81]。法国人爱尔维修与功利主义的开创者、英国人杰里米·边沁等启蒙运动思想家则从心理学的角度对人性进行解释，并以此取代传统的道德化人性观，即认为人是一种受到肉欲威胁的理性存在。他们将人视作一种由天性操控,去寻求快乐、躲避痛苦的造物,因此进步的社会政策的真正目标就应该是引导进步的利己之心去实现"绝大多数人的最大幸福"[51; 71; 102; 144]。

传统的布道者应该会将"快乐原则"视为有罪的、肉欲的享乐主义而加以谴责,但新一派的政治经济学家,尤其是著有《国富论》(*Wealth of Nations*,1776)的苏格兰人亚当·斯密则认为,如果个体生产者与消费者的自私行为遵循了市场的竞争法则,那么将会有利于公共利益——某种程度上也要归功于天意这只"不可见的手"[31; 38; 71; 79; 114; 133]。无独有偶,以意大利人贝卡利亚为代表的法律改革家也认为,一种真正科学的法学需要建立在理性的自私这一心理学假设的基础上;必须通过精确测算,以确保惩罚导致的痛苦超过犯罪带来的快乐[152]。

如果人类要前进,就必须具备改变的能力,尤其是适应新环境的能力。因此,启蒙运动中的心理学家关注学习过程并对教育寄予巨大希望就并不令人意外。许多思想家都认可洛克在其《人类理解论》(*Essay Concerning Human Understanding*,1690)和《教育漫话》(*Some Thoughts Concerning Education*,1693)中所表达的观点,认为人类的历史进程显而易见就像是婴儿的培养过程[165]。洛克的追随者们相信,布道者们所说的人生而有罪是错误的,而柏拉图声称人出生就具有"先天的观念"(如是非观)也不正确。准确地说,人类的大脑一开始只是"一张白纸"。随后,它不断地通过五种感官能力吸收信息,将它们储存起来并转换成"观念",最终成为我们对于世界的经验认知以及道德观。因此,人的天性、能力和知识完全是通过观念的关联过程(即从简单的思想中塑造出复杂的思想)从经验中学习得来的。人因而是其所处环境的产物,但最终他又会获得改造周边环境的能力。

就这样,通过和周围的人与环境持续地进行辩证互动,人一直在发展壮大以便能够不断迎接被他所改变的世界的挑战。因此,孔狄亚克和爱尔维修等洛克的仰慕者才会认为人是他自己的创造者,其自我发展的潜能不可限量。孔多塞在18世纪末期所写的《人类精神进步史表纲要》(*Esquisse d'un tableau historique des progrès de l'esprit humain*, 1794)一书中描绘了人类思想进步的所有过程——过去、现在和未来,尤其对于人类未来的描述洋溢着欢欣鼓舞之情。孔多塞(他在法国大革命中被迫自杀)大胆预测,人由于具备"追求完美"的能力,因此将很快克服贫困、虚弱、疾病乃至死亡 [19; 43: ch. 6]。英国的无政府主义者威廉·戈德温(William Godwin)也持同样观点。法国的博物学家让-巴蒂斯特·拉马克

(Jean-Baptiste Lamarck)以及与他同时代的英国医生兼科学家伊拉斯谟·达尔文(Erasmus Darwin,查尔斯·达尔文的祖父)同时提出了最早的生物进化理论,两人都不约而同地认为人类具有学习、变革、适应以及将所获取的特性传给后世子孙的能力[96]。

进入到21世纪,西方文明仍然认同——当然,有人会说是被禁锢于——人类具有推动经济发展、科学创新和文明进步的无限能力这一启蒙运动所倡导的世俗观念。今天的社会科学,包括社会学、经济学、心理学和人类学,都发源于启蒙运动时期播撒的种子[18]。撒切尔夫人等政府首脑近来为了证明其对市场力量的信心以及通过追求利润来促进公共利益的政策具备合理性,也纷纷转向亚当·斯密的学说。

有鉴于此,我们认为人的科学的模糊性形成于18世纪,并且还必须注意到其影响的复杂性。哲人们宣称,他们摧毁了关于人类与他在自然中之地位——低于上帝——的陈腐宗教"神话",代之以形成于客观事实基础上的真正科学知识。包括盖伊在内的许多历史学家都称赞他们与"神话时代"的思维决裂,并"从神话走向理性"[61: vol. 1, ch. 2]。

但也许更为合理的解释是,哲人所做的本质上是用科学的神话来取代基督教的神话,这一新式神话更能适应技术和工业化的时代。人们已经注意到,这两种神话本质上具有明显类似的结构。如同卡尔·贝克尔(Carl Becker)在其标题颇为新颖的《18世纪哲学家的天城》(*Heavenly City of the Eighteenth-Century Philosophers*)一书中所认为的那样,哲人在思想探索过程中发展出的自然状态观念,与基督教神学中描述的有关伊甸园和人类堕落的部分有着惊人的相似度。同样,启蒙运动中关于未来无止境进步的观念也可以看作一种世俗化的天国观。哲人们提出的高贵野蛮人概念与进步观念远非对确凿事实的反映,只是猜测性的、象征性的,其形成取决于人们的先入之见乃至——有人会说——信仰,就像他们继承的基督教世界观一样 [21; 154]。

启蒙运动不是以科学取代神话,而是以新神话取代旧神话的这一观点,并非要否定启蒙运动,而是说在对待启蒙运动的种种宣称时,不要急于接受其表面主张,而是要将它们看作极为有效的宣传。以经济学的发展为例,亚当·斯密在《国富论》中谴责政府传统的"重商主义"和"保护主义"政策,是因为他认为这些政策为增加财政收入这一目标牺牲了贸易。斯密还抨击了战争会带来财富的传统观念,谴责利益集团支持垄断而罔顾公共利益,并认为只要能得到正确的理解,市场机制从长期来看将会被证明有益于所有人。据此我们可以理解，为何盖伊认为斯密式的自由主义经济学比它所挑战的体系更有人性、更为科学 [61: vol. 1]。

但同样重要的是，我们不能忘记斯密的经济学（又叫古典经济学）在工业化时代为资本主义提供了一种辩护，尤其是它主张减少对劳动力（他委婉地称之为"自由劳动力"）的规制。斯密本人非常坦率地承认现代制造业对极端劳动分化的要求——他最喜欢使用的例子是钉子制造业——使得工人变成了"一只手"，变成了一台智力发展受阻、异化的、奴隶般的机器。不过他也还没有足够仁慈到提出解决办法。古典经济学的利润与损耗法则以及"工资铁律"本身就排除了对市场机制进行"干预"的可能性（他们认为干预竞争的所有行为只会导致效率低下）。因此，自由主义经济学是以市场力量的"自然法则"为名义支持一种不人道的体制。政治家埃德蒙·伯克（Edmund Burke）就宣称这些法则是神圣的，因为它们是"上帝的法"。

启蒙时代哲人发展出的新社会科学对于基督教的政权神授论以及封建等级制与依附制是强烈批判的。但是，除了卢梭等少数例外 [42; 67; 116]，他们支持财产私有和个人利益，并未对商业社会给予严厉批评。在许多方面，启蒙运动高唱的"进步"颂歌对新的商业与工业体制带来的同样严重的不平等与压迫却视而不见；毕竟，一切都在变得更好,不是吗[97]?因此,尽情批判"黑色的、魔鬼的磨坊"的浪漫主义空想家威廉·布莱克(William Blake),毫不意外地同样对启蒙时代最主要的哲人们——培根、洛克、牛顿、伏尔泰等——进行谴责,因为他们是那套体制背后的邪恶头脑。莫琳·麦克尼尔(Maureen McNeil)令人信服地指出,兼神学家、教育家和科学家于一身的伊拉斯谟·达尔文——18世纪晚期英国最主要的启蒙哲人——也是新工业社会价值观最有力的辩护者[96]。

3

启蒙运动的政治

一直都有人批评启蒙哲人的政治思想。法国大革命的反对者,如埃德蒙·伯克和神父奥古斯丁·巴吕埃尔(Augustin Barruel)认为,哲人是不成熟的理性主义者,他们所提出的先验的、不负责任的口号对抽象自由、普遍意志与人民权利的支持尽管推动了对旧体系的颠覆,但随之而来的只有混乱,而最终被一种新的专制体制所取代。关键在于,批评者认为,哲人们在政治方面缺乏他们声称最为重视的素质,也就是经验。

这种批评并非毫无根据。身为保守主义者的伯克终其一生都在议会服务,担任各种公职,一直行使着权力;而与之相反,大多数哲人只是在会客室里纸上谈兵的"政策制定者"。当然,这也几乎不能说是他们的过错。路易十五在1745年有意任命伏尔泰为"王室史官",毕竟他是当时最知名的历史学家、剧作家和诗人 [30],但要国王任命这样一位让人棘手的批评者担任政府大臣则不太可能 [60]。

一些哲人的政治倾向让人感觉极其不切实际、天真幼稚甚至让人不快。在《社会契约论》(*Du contrat social*)中,卢梭称赞贫困的小共和国是滋养公共美德的温床,但他对古代斯巴达和早期罗马共和国的吹捧在

18世纪中期的欧洲顶多只有间接的相关性，因为当时尚存的少数几个城邦国家如日内瓦和威尼斯都是奢靡的寡头国家。近来有一些学者如J. L. 塔尔蒙（J. L. Talmon）认为，如果以20世纪法西斯的经验来反观卢梭，那么他关于英雄般的"立法者"挺身而出领导国家复兴的呼吁往好处说是头脑简单，往坏处说则是用心险恶（当然，我们也可以认为这种对比不合时宜）。至于他要"强行使人自由"的承诺或者说威胁，我们又该如何加以理解呢 [42; 43: ch. 3; 68]？其他思想家也同样是不切实际的。在其《关于政治正义的调查》（*Enquiry Concerning Political Justice*, 1793）一书中，威廉·戈德温提出了一种带有个人主义烙印的刺耳无政府论，不仅谴责婚姻，还反对管弦乐和剧院，因为它们强制服从，妨害了个性。

有时候人们也批评哲人在政治上相当缺乏原则。那个强烈谴责婚姻侵犯个人自由的戈德温（他认为婚姻就是一种合法嫖娼），后来不仅与思想自由的女权主义者玛丽·沃斯通克拉夫特（Mary Wollstonecraft）结婚，而且还认为诗人雪莱应该迎娶他们的女儿玛丽，而不仅仅只是跟她同居。伏尔泰和狄德罗则对欧洲主要的绝对主义君主普鲁士的腓特烈大帝和俄国的叶卡捷琳娜女皇时而眉来眼去，时而阿谀奉承。来自这两大君主的赞助、支持和保护无疑是有用的，但在面对他们推行的对内压迫、对外好战的政策时,这些文人们的相对沉默又让人疑窦丛生 [59; 89; 165]。

杰出的法国哲人们无所畏惧地谴责旧制度的邪恶,但是否可以说他们确曾用实际政治行动验证了自己的言论呢?他们无人严肃地组织过政治反抗,也未曾呼吁过人们拿起武器,这是因为他们在内心深处其实是安于现状的吗?伏尔泰和狄德罗都曾因政治原因被短期扣押过,但除此之外,他们都能够在不危及人身自由的情形下开展其颠覆性的工作,并且在文学沙龙里得到追捧。与之形成对比的是,十六七世纪数以千计的异端分子和自由思想家,如布鲁诺、康帕内拉(Campanella),乃至伽利略,都曾遭遇血腥命运的考验,而19世纪俄罗斯和奥地利的煽动分子也都曾遭到迫害和放逐。因此,哲人对于摧毁旧制度的信念到底有多强烈呢?也许他们在政治上只是些无足轻重的杂音?

在衡量他们作为政治思想家和活动家的重要性时,许多事情都需要首先纳入考虑。一方面,自从美国独立战争和法国大革命以来,西方世界已经明确形成了一套体系化的政治目标。我们现在都信仰民有、民治、民享的政府。我们信仰普选权。我们相信民主能够捍卫自由。我们信赖议会、选举、代议制政府和政党制度。无论好坏,这些已经成为西方民主制度不可侵犯的圣物,那么为何哲人们未曾拥护它们呢?

答案是,一位1700年或者1750年的启蒙知识分子根本没有自动认可这些原则中任何一项的理由,遑论全部。议会传统上是贵族利益集团的堡垒,政党也常与自私自利的党派主义联系在一起。直接民主作为一种政府制度,由古希腊人发明,但也随古希腊人而去;而任何一位激进的英国记者都与卢梭一样相信,代议制政府只会导致操纵选举和腐败 [52; 116]。

最重要的是,哲人们会在何种情况之下给予一般民众的智慧以政治信任呢?欧洲各国的大多数人口都是不识字的农民和工人,甚至在易北河(Elbe)以东还包括农奴,他们在精英分子眼中都是令人绝望地无知、落后与迷信,只会在陈规陋俗的恫吓之下不假思索地顺服王权与教权。在伏尔泰等人的笔下,农民与野兽几乎难以区分。他们进行这种直白的类比虽旨在批判让人堕落成野兽的制度,但也揭示出一种心态,即认为真正的问题不在于民众对政治的参与——这无关宏旨——而在于对人民的统治是贤明的还是无能的 [60; 100; 113]。

孟德斯鸠在其《论法的精神》(*De l'esprit des lois*, 1748)一书中,全面地提出了何为公正或合法政府类型的问题,即到底谁能够合法地或者权宜地掌握权力的问题 [142]。《论法的精神》列出了三种主要的政府类型。第一种是共和制。孟德斯鸠对于共和制政府有着强烈的偏好,认为其参与制度保护了自由,并促进了那些积极参与内部政治生活之人的道德升华。共和国曾兴盛于古典时代,而孟德斯鸠最后只能沮丧地承认它们已成过眼云烟的事实 [43: ch. 1]。

第二种是君主制,这显然是在现代世界可行的一种政府形式。君主制支持对社会阶层进行等级划分,使贵族、乡绅和神职人员都有各自明确的社会地位,而且每个社会成员都被赋予了与其社会地位相符的一种"荣誉"意识,这些都使君主制获得了极大的稳定性。因而君主制是一人统治的可取形式。而第三种政府形式则是君主制的堕落形式,即暴君统治。在暴政之下,臣民之间所有合理的区分都被消除,君主依靠恐惧来统治人民。出于对路易十四野心的忧虑,孟德斯鸠担心法国国王希望从"君主统治"变成"暴君统治"。因此,为了抵制这种趋势,孟德斯鸠在其作品中颂扬传统贵族、地方议会乃至教会的政治功能,希望这些机制能够发挥缓冲、阻遏和平衡作用,以阻止波旁"暴政"的形成。

孟德斯鸠的分析以一种特别沮丧的方式揭露了时代的困境。在近代的大国王朝政治中,共和制显然已被束之高阁。然而,君主制正在滑向暴君统治,因此,为了捍卫自由,可能连王国最反动阶层的支持都需要去争取

[孟德斯鸠在《波斯人信札》(*Persian Letters*，1721)中已经嘲讽过贵族的自负和特权]。

然而，议会政治也有其危险性。法国人会切身地体会到，每当路易十五或者路易十六准备进行亟需的经济改革或者优化预算时，议会和贵族都具备妨碍变革的权力。更让人悲观的是，卢梭认为预防权力和特权被滥用的解决办法不在于设计更为精巧的宪政体制，因为现代社会本身已经彻底"腐化"了——自由被侵害，美德被破坏，衰落也随之而来，最终让人与人相互疏远。

谁应该掌权的问题令人困扰，而总的来说，哲人们发现向君主提供如何统治的建议更有建设性。他们并不认为统治只是一个有关合法性和世袭继承、维持现状以及捍卫既有财产权与特权的简单问题。他们希望政府能够通过促进公民社会内部的和平、繁荣、正义和福利来实现进步。作为这一目标的一部分，他们自然会谴责政府任何针对臣民个人事务的干预举动[59]。思想与言论自由、出版自由、宗教宽容乃至少数群体的礼拜权都是社会存在的基本要求[66]。即便是普鲁士人康德——尽管他是一个情绪暴躁的保守主义者，并不认同人民享有参与政府的权利这一观念——也认为否认基本的公民权利无论对统治者还是被统治者来说都是可耻的，因为这相当于将成年人与儿童同等对待。伏尔泰则通过在《哲学书简》中描述伦敦证券交易所的场景,颂扬了英国式的公民权利和宗教自由。在那里,国教徒、非国教基督徒和天主教徒、犹太人和穆斯林都获准以平等的条件进行交易。贸易自由随着宗教自由而产生,最终带来了和平和繁荣[60]。

对于欧洲多数地区发生的侵犯自由的行为,哲人们深感痛心。在《社会契约论》的开篇,卢梭写出了那句名言:"人是生而自由的,却无往不在枷锁之中。"不过启蒙运动盛期的欧陆哲人从未像后来英国的放任自由主义者那样,将个人自由最大化与国家权力的相应削弱作为首要要求。一方面,保护人民自由不受教会和特权贵族的侵犯需要一个强大的行政机构。魁奈等重农主义者虽然支持自由贸易的经济政策,但也认为只有一个意志坚定、奉行干预政策的政府才有能力维护市场自由不受既有利益集团的侵犯[104]。欧洲大陆没有思想家受到英国激进分子热衷的"守夜人"国家这一理念的吸引。即便是托马斯·潘恩(Tom Paine),虽然他在《人的权利》(*Rights of Man*, 1791)中强烈抨击暴政压迫,但他也认为一个由人民以正当方式选举产生的合法组成的民主政府应该奉行积极的福利政策(例如,引进养老金和儿童津贴)[39]。

更重要的是,德意志和中欧的思想家期盼有一个强大的开明君主来统治一个秩序井然的国家[89; 127]。这样的国家意味着有一个高效的职业官僚队伍全面管理着公民生活、贸易、职业、道德和健康,而且通常有着相当深入的程度。例如,鼓励早婚的法律会被通过,从而会刺激人口增长、增加劳动力、提振经济以及扩大税收基础,随之也会增强国家潜在的军事力量。尤斯蒂(Justi)和索南费尔斯(Sonnenfels)等系统的理性政府理论的主要倡导者认为,官房主义①(行政科学与实践)既能(通过增加税收和维护公共秩序)为统治者服务,也能改善人民大众的生活[26]。例如,医疗在德意志各邦国中就得到了巨细靡遗的管理,这被认为有利于公共利益[91]。

在18世纪中期更为激进的法国思想家的理论中,也明显可以看到类似支持政府管理或者至少由政府来维护公共利益的倾向。讲求功利的爱尔维修认为人类本质上是平等的,因此所有人都同样有适应性,能够受到教育和环境的深度改造。因此,明智的统治者就能够确保所有人的幸福[144]。其他的思想家,如马布利(Mably)和摩莱里(Morelly)则认为,取消宗派特权和私有财产,

---

① 官房主义(*Cameralwissenschaft*)是起源于17世纪与18世纪德意志的思想体系,由拉丁文"房间"(*camera*)一词得名,内容涵盖行政学、财政学、经济学等诸多方面。此处作者主要讨论其行政学理论。——译注

以及让个人利益服从公共利益，将会产生一种新型的良善公民。卢梭也曾梦想过，人性本身在一个组成结构合理的社会里实现再生，或者至少让其堕落过程停止下来[28: ch. 3, 5]。

启蒙运动早期阶段的思想家们最为关注的是寻找阻止暴君统治蔓延的方式。洛克主张建立立宪政府，认为所有合法的权力都受到自然法的约束，并且来自人民的同意。不过，这位辉格派哲学家并非民主派，而且可以肯定他从未为妇女争取过政治权利[97; 99]。孟德斯鸠则利用历史论据来肯定宪政特权。及至18世纪中期，就像我一直暗示的那样，人们的注意力转移到了政治权力的目标与用途的问题上。什么样的国家能够产生有德之人？什么样的政策能够促进贸易发展或者有益于人民的健康？政治纲领就这样变得更加明确，但它们也有堕落为一份长长的心愿单乃至乌托邦式幻想的风险[151]。

这就解释了为何北美殖民地反抗英国的起义对于欧洲具有决定性意义。1776年的《独立宣言》(*Declaration of Independence*)表明，捍卫自由的善行至少在新世界还是大有可为的。独立战争证明了一支为维护自由而反抗英国"暴君"的公民军队的军事实力。美国宪法则证明，共和制的政府形式能够在现代世界中运行，并且创立了一个由全体人民作为具有最高权力之政治体的先例

[162; 61: vol.2, 'Finale']。

最后,我们可以看到,在美国宪法中存在着这样一种政治模式,其对自由的捍卫并不如孟德斯鸠所说,取决于保守的社会群体。美国的实验——看起来是成功的——似乎证明,权力只要是来自人民,并且在宪法上小心谨慎地予以规范,就不会自发走向腐败。新共和国在向旧欧洲示意,号召后者从善如流,并付诸行动。在18世纪80年代,类似孔多塞这样曾相信依靠理性和技能就能实现进步的哲人放弃了他们早期坚持的技术专家治国论的偏见,转而开始发现蕴含于人民之中的新型政治美德 [19; 117]。

人民在实际上由谁构成或者说由谁代表的问题,直到1789年以后才获得明确的解答,当然,法国大革命创造了形形色色的政治理论和方案。在路易十六被处决后,尽管继任的当政者们并未找到能够成功而稳定地调和民主与效率双重要求的方式,但这只意味着,大革命本身也未能解决困扰着启蒙运动最强头脑的难题。

4

以理性改革宗教

对哲人们来说,政治的水域危险难行。他们无法确定是想要自己掌握权力,还是更情愿行使批评君主的特权。然而,在宗教问题上,他们有着更为明确的立场。他们无法接受任何未经个人理性检验的宗教信仰。实际上,对许多启蒙运动的思想家来说,任何以现存的教会组织或形式存在的宗教都是不能接受的。

启蒙思想家对于身边亲耳所闻的宗教思想和亲眼所见的宗教机构感到痛苦和愤怒。许多哲人——尤其是来自法国和英国的那些——对于基督教神学的荒谬、教会因迷恋权力而导致的堕落(尤其是梵蒂冈教廷)以及因人民的盲从与轻信而仍然影响人民生活的有害的权力予以尖锐的讽刺与抨击。对于一些人,如伏尔泰、狄德罗和霍尔巴赫来说,在人类解放的全面政治斗争中,第一步就是要摆脱宗教的专制压迫,因为被一种错误信仰所控制的个人难以自主 [34; 98]。

伏尔泰先是对教皇、耶稣会士和教士予以挞伐,最后又反对上帝,这一场斗争成为其生涯的高峰 [60]。大卫·休谟则运用其怀疑论的经验哲学推翻了传统上认为上帝的存在和特征可以从上帝创造世界的过程中加以证明的论点。他认为,我们要理解因果关系就需要去体验多种实例,但世界上只有一个宇宙或者说"果",因此我们无法追寻其"因"或者创造者。不仅如此,对休谟来说,那种认为一个理性的人可以相信奇迹的说法是用词上的自相矛盾。在《罗马帝国衰亡史》(*Decline and Fall of the Roman Empire*,1776—1788)一书中,爱德华·吉本认为基督教与蛮族入侵者一样要为摧毁文明的宏伟大厦进而导致千年黑暗的后果而承担责任 [118; 119: ch. 5]。

英国的特伦查德(Trenchard)、沙夫茨伯里(Shaftesbury)和自然神论者[36]与法国的丰特奈尔(Fontenelle)、布朗热(Boulanger)等人都认为,人民相信天上住着狂怒的神灵主要是因为人民思想愚昧,对未知世界感到恐惧,面对自然现象无能为力。原始人对自己所害怕的对象往往屈膝臣服并加以崇拜。哲人们相信,原始人发明巫术和祭祀的目的就是要讨好这些神话中的神明。当然,读者们都知道他们的这些论述不仅仅适用于非洲或北美的部落,因为他们真正的目标是基督教,后者有着如同巫术般的圣礼以及不断向基督献祭的圣餐礼 [98]。

在《波斯人信札》一书中,孟德斯鸠借一位波斯旅行者之口将教皇称为巫师。同样地,霍尔巴赫男爵将宗教视为前科学时期人类思想不成熟的产物。他认为原始人相信鬼魂与天使、魔鬼与巫师,以及其他一些幼稚的幻想 [62];相比之下,成熟的理性则证明以上这些都不存在。存在的唯有自然，而自然只是一种由物质组成的并受永恒的科学定律支配的体系 [98]。

总而言之，伏尔泰是启蒙运动中反基督教的代表人物，他终其一生都在与那虚伪宗教的恶魔们做斗争。他的早期斗争充满一种反教权主义的诙谐，主要是为了追求宗教宽容（他尤其羡慕非暴力的英国贵格派），并将所谓战斗的教会①及其更为古怪的信条和习惯作为斗争对象 [66]。然而随着时间的流逝，他对教会的憎恶感变得更加强烈，并将这股强烈的道德情绪指向基督教通过发动宗教战争、对异端施以火刑以及处死所谓"巫师"等行为而犯下的罪。

伏尔泰希望建立盖伊所说的"现代异教"来取代基督教的信条和教会 [61: vol. 2, ch. 7]。它将会采取"自然宗教"的形式，教义开明，相信存在一个理性、仁慈的上帝，并将其奉为牛顿学说中宇宙的创造者以及人间正义与道德的保卫者。伏尔泰在思索的是，去掉这样一个上帝

---

① 天主教会认为教会具有三种并存的存在形式：存在于尘世中的教会即战斗的教会（Church Militant），存在于炼狱中的教会即受苦的教会（Church Suffering），以及存在于天堂中的教会即凯旋的教会（Church Triumphant）。尘世中的基督教徒组成战斗的教会，他们以基督的战士这一身份同罪恶、魔鬼以及所谓黑暗世界的统治者做斗争。——译注

之后，人们不就能够肆意为恶而不必受罚了吗？（他不无嘲讽地说，这就是如果上帝不存在就有必要创造出一个上帝的原因。）

不过即使是对这种"自然宗教"，伏尔泰后来也失去了信心，尤其是被1755年里斯本（Lisbon）大地震这样一场大自然对无辜者的大屠杀动摇了他对于曾希望在自然背后看到的仁慈之神的信任。在其生涯晚期，伏尔泰坚定不移地强烈反对一切宗教，就好像上帝（终究他是不存在的）对他个人造成过伤害一样。他那被人反复提起的口号，即"消灭臭名昭著的东西"，其矛头不仅指向教皇，指向教会组织，更进而指向了几乎所有形式的宗教。最终，伏尔泰或许成了无神论者。

在此，我们不禁要问，为什么有如此多著名的哲人——他们对自己饱经世故之后的宽容和对人性弱点的容忍引以为傲——在遇到教士及其信条的时候会变得如此愤怒，或是屈尊去挖苦嘲讽。毕竟，以真信仰、审判和圣战的名义施以酷刑以及烧死异端和巫师的教权全盛时期已经过去。圣战的光辉岁月已然不再，18世纪欧洲的基督教组织也已变得相对沉寂和宽容：相当数量的哲人本身就担任神父，如雷纳尔（Raynal）和马布利，而坎特伯雷大主教的妻子则与那最著名的不信者吉本开心地玩着惠斯特牌 [66; 119]。

然而我们必须强调,启蒙运动哲人对于信仰的看法是多样的、复杂的,这一点至关重要。几乎没有人想要用完全的无神论来取代宗教。一方面,大多数人认为科学和哲学尽管质疑基督教在圣经中描述的神人同形同性的"充满奇迹的上帝"的存在,但却也揭示出了某种主宰世界的神的存在,即一个超自然的创造者、设计者和思想者。即便是怀疑一切的休谟也认为,宇宙秩序的形成不可能只是偶然由原子纯粹的随机运动产生的:用我们的话来说,这样的结果和一只黑猩猩猛敲打字机键盘然后莎士比亚的作品就随之诞生一样不可能。

而且,许多哲人尽管反对"教士御民之道"与教会上层的浮夸生活,但他们却仍然有个人的信仰。信奉新教的瑞士哲人就以他们的理性信仰而闻名 [塞缪尔·泰勒(Samuel Taylor),参见124]。部分学者也指出即使是吉本也以完全私人和隐秘的方式信仰宗教 [119: ch. 5]。大多数启蒙时代的知识分子都认为,为顾及体面,需要在表面上对教会的公共仪式表现出一定的顺从,暂且不论是否相信它们。这种彬彬有礼的行为有助于维持适当的社会秩序和国内和平。吉本有很大可能是一个不信教者,但他也敬守本分地去教堂做礼拜(他说做礼拜时朗诵希腊语圣经提高了他的语言能力)。

许多启蒙时代的理论家们都强调,理想社会需要有一个以古罗马模式为基础的"公民"宗教——一种以提高爱国意识、集体精神和美德为目的的信仰。吉本在评价罗马宗教时说,人民相信它是真的,哲学家认为它是假的,而统治者则知道它是有用的。他认为伊斯兰教比充斥着各种神职人员、与世俗生活脱节的基督教更像是"公民宗教"[119: ch. 5]。众所周知,伏尔泰也同样认为,一个人的仆人——还有妻子——必须是虔诚的,否则若缺少对上帝的敬畏之心,这些人连汤匙都会偷,或者变得对配偶不忠。许多承认信仰有用性的哲人毫不令人意外地倡导建立一种双层宗教体系,其中适用于精英阶层的是一种简单、纯粹和理性的宗教,而一种浮夸的信仰则用来规制大众的头脑和心灵。法国大革命时期应运而生的"至高主宰崇拜"(the cult of Supreme Being)通过树立起一个近代的、理性的、去基督教化的崇拜对象,使这些思想最终得到了体现。

最后,我们还要牢记,相当多的哲人都对信仰无比虔诚。卢梭在其晚年积极称颂的信仰,比起理性来说,更多地出于情感与心灵[68]。伟大的英国博学者约瑟夫·普里斯特利(Joseph Priestley)"发现"了氧气,揭露了基督教的腐败,也以无人能及的热情强调教育、科学、工业和技术将会带来永无止境的进步。然而,在谈及对人类完善自身的信念时,他使用的语言与基督教的千年至福说没什么两样。普里斯特利一生的多数时期都是一名信奉一位论（Unitarianism）学说的非国教派牧师（伊拉斯谟·达尔文曾讥讽说，否认三位一体与耶稣神性的一位论是一个"用以接住从高处跌落的基督徒的羽毛褥垫"）。

尤其是在信仰新教的主要地区，包括德国北部、斯堪的纳维亚半岛、英格兰、苏格兰，以及瑞士信仰加尔文教的各州，先进的思想家一般不会强烈反对基督教本身或者对宗教一概否定，而是主张对信仰的表达要简要、精练，要符合理性与科学，符合良心与或然性。许多有识之士都不认为这样一种信仰（"真宗教"）会成为进步的障碍。他们认为，就如同路德的宗教改革使中世纪教会摆脱了腐败一样，理性时代将会进一步完成这一净化进程，使信仰和信条摆脱那些进步主义思想家不再相信的荒谬的中世纪产物（如天使，以及对永恒的地狱之火如字面意义般存在的信仰）。在黑暗时代曾支撑着人们信仰的信条将会随着思想的进步而自然地衰落。

约翰·洛克的《基督教的合理性》（*The Reasonableness of Christianity*，1695）一书在这一方面具有开创性。洛克认为，一个善于思考的人必然是一位信徒，因为基督教的核心教义——相信存在一个万能的、无所不知的、仁慈的创世者以及人人都负有服从并崇拜上帝的责任等——与理性和经验是完美融合的。做一个基督徒是一个理性的承诺,但理性的基督徒不必接受其理性所拒绝的传统信仰的种种特征。非理性的信仰是不需要的。在"理性宗教"的伪装之下,基督教就这样被简化到连受过良好教育之人都可以轻易相信的地步。

"理性基督教"观念更为前卫的倡导者还进一步认为,在向理性的人民传播基本的宗教真理的过程中,基督的肉身化、他传播福音的使命、治愈病人的奇迹等,严格来说都不是必需的。然而,如果要打动那些无思考能力之人,就需要新约圣经中所记载的"神启宗教"[18世纪早期信奉自然神论的英格兰"自由思想家"安东尼·柯林斯（Anthony Collins）等人提出过这一建议] **[128]**。

当然,从这一立足点出发,激进的自由思想家们很容易就会得出结论:如果接受理性和历史的检验,圣经中的基督教是完全失败的。难道圣经中的所谓"奇迹"不是狡猾的教士们为了震慑无知者而编造出来的寓言和谎话吗?近代科学可以揭露他们的骗术,也能够消解他们的"神秘"。因此,自由思想家们认为,让基督教与理性协调一致实在是多此一举。受教育之人会坦白承认基督教本质上是非理性的,终将会被人所共知的"自然神论"这一理性宗教所取代。与柯林斯同时代的爱尔兰人约翰·托兰德（John Toland）等自然神论者以及伏尔泰在其人生的多数时期都认为,思考自然秩序会让人的思想"从自然上升到自然之神"（亚历山大·蒲柏语），因此他们的宗教是一种纯粹的"合乎自然的宗教"（natural religion）[9]。

当然，对一些人来说，从基督教迈向合乎自然的宗教会进一步让人思考"自然宗教"（religion of Nature）本身。这一观念的基础在于认为不存在一种正当的理由让人相信在自然的背后以及自然以外还存在着任何有意识的、有智能的原则，或是任何至高主宰或伟大设计者。自然就是一切，如果说有任何东西是神圣的，需要人们崇拜的话，那就是自然本身。17世纪的伟大哲学家斯宾诺莎曾经提出过"上帝"就是"自然"这一影响深远的观点。后来霍尔巴赫男爵在其《自然的体系》（*Système de la nature*，1770）一书中，也大胆表达过类似的无神论或者说唯物主义泛神论思想[84; 88]。

换句话说，18世纪的思想家在试图寻找或者塑造一种适合时代需求的宗教。传统的基督教被普遍认为是有缺陷的，至少对于受教育者来说是如此。有些人试图对它进行改革和净化，其他人则试图创造一种更可信的替代物。

然而，问题仍然是，为何有如此多的哲人，尤其在法国，会如此痛恨基督教及其教会，经常讥讽教士为堕落者，托钵修士为贪吃鬼，隐院修士和修女为纵欲者，神学家为诡辩家，宗教审查者为残酷成性的虐待狂，而教皇则是自大狂。

某种程度上说，这是因为他们相信，组织化的基督教是一个冷冰冰的、经过精心计算的骗局。他们经常暗示说，教会人员本身都不相信自己所说的那些鬼话，不过，就像聪明的魔术师一样，他们深知拉丁文的长篇大论、各种戏法以及排场与仪式能够带来控制人民的权力。在解释罗马帝国时期基督教的兴起时，吉本就将早期的基督徒刻画为一帮冷酷无情的狂热分子，为了扩充势力而罔顾社会安宁。中世纪教会通过编造各种教义如炼狱说以及与之相伴的赦罪制度操控了人们的头脑，向自己的敌人发动战争，并成为欧洲最富有的跨国组织。

因此，在愤怒的哲人看来，教会不仅是犯了错或者说寡廉鲜耻，其邪恶行径已然确凿无疑。它一方面在虚伪地倡导和平，另一方面却在制造分裂与冲突。16、17世纪的宗教战争已经造成了汪洋血海。每年圣巴托罗缪之夜大屠杀①的纪念日都让伏尔泰感到身体不适。

---

① 圣巴托罗缪之夜大屠杀（St. Bartholomew's Eve massacre），是法国宗教战争（1562—1598）期间巴黎的天主教徒对新教徒即胡格诺派展开的一次暴力杀戮行动。屠杀发生于1572年8月23日深夜到24日凌晨，8月24日正是纪念耶稣十二使徒之一的巴托罗缪［一般认为他就是耶稣的使徒拿但业（Nathanael）］的节日，遂由此得名。——译注

4 以理性改革宗教 | 61

哲人们认为,即便是在18世纪,基督教的歪理邪说仍然在扭曲人们的头脑,例如引诱年轻人加入修道院,或者是毫无根据地用下地狱来恐吓儿童。1762年的卡拉斯案(the Calas case)为哲人们提供了一个理想的宣传机会。卡拉斯一家住在图卢兹市(Toulouse),信奉新教。家中长子死后,有谣言称死者生前一直在计划改信天主教,而他的父亲为了阻止这件"丢脸的事"就杀死了他。一次合法性存疑的审判判定这位父亲有罪,随后他就被施以极刑。

这起案件引起了伏尔泰的注意。对他来说,无论事实如何,这起事件都揭露出了由宗教偏执引发的可怕罪恶。如果那位父亲果真是以维护新教信仰的名义谋杀了自己的儿子,这将证明教派主义对家庭亲情的破坏是有多么荒谬。如果父亲是无辜的,伏尔泰本人当然相信这一点,它将会让那些自诩为和平使者之人制造教派冲突的邪恶曝光于世。这样的案件让哲人们想起了古罗马诗人卢克莱修(Lucretius)的名言:"宗教引诱人犯下的罪真是深重。"(*tantum religio potuit suadere malorum.*)

最让哲人们感到愤怒的是,教会已然如此富有乃至榨干了国家经济,却还控制人民的思想并行使政治权力。天主教依然视其他宗教为非法。它基本上垄断了从幼儿学校到神学院和大学的整个教育体系(伏尔泰和狄德罗曾接受过良好的耶稣会教育，对此都记忆深刻）。教会不仅审查书籍——大多数哲人的著作都被列入到了禁书目录之中，还通过审判伽利略等事件阻碍着知识的进步。大约150年后，也就是18世纪70年代，布丰（Buffon）这位法国博物学界的佼佼者仍然被要求接受索邦神学院神父们的质询，因为他认为地球比圣经所描述的更为古老。像在西班牙那样，当教会得到世俗政府武力支持时，其结果就是思想与科学发展的骇人停滞。只有像在荷兰和英格兰那样，世俗政府剪除教会的羽翼之后，进步才能得到保障。

最后要说的是，哲人们攻击教会的猛烈火力来自于他们的个人经验与当时的形势。他们认为，教士从"黑暗时代"开始就控制了欧洲人的文化生活，并实施思想审查。不过，形势正在改变。随着识字率的提高、教育的推广以及书籍在更大范围内的流通，一群新的世俗知识分子开始展现力量、自主行动，并为吸引人民的注意而挑战教士的权威。哲人们自视为这一作家与思想家群体的先头部队。他们在为自己争取自由表达的权利。他们的目的就是要取代教士成为现代文化的代言人。

在反对"臭名昭著的东西"的战斗中，启蒙运动为欧洲思想的发展提供了一种新方案。哲人们要求取消审查制度，将印刷机誉为能够真正让人获得解放的技术。

不过，就其自身而言，他们又颇具嘲讽意味地模仿起了他们志在取代的教士。他们形成了自己的"神圣小圈子"，通常也会养成注重私密的习惯，甚至有人会以拥有私人仪式和神秘符号为巨大乐趣。尤其是，许多哲人还是这一时期正在兴起的共济会会所早期的铁杆会员。这些会所是秘密的绅士俱乐部，培养手足般团结友爱情谊的温床。成员须参加神秘的入会仪式，时常以亵渎的方式戏仿教会仪式来举行[84; 85]。一些哲人相信，需要有一种作为"人民的鸦片"的大众宗教。而那著名的口号"消灭臭名昭著的东西"本身也是在仿效十字军血腥的战争口号，只是这次的军队由"好战的哲人"所组成。

因此，在某些方面，哲人的"小群体"创造了一种属于他们自己的新宗教，也就是人性的宗教。不过，我们仍然可以说18世纪是欧洲世俗化的一个重要阶段，哲人们至少为这一发展提供了所有的主要论点。这一点将在最后一章进一步论述。

5

谁参与启蒙运动?

历史学家们一度经常用"时代精神"（*Zeitgeist* 或 *Weltanschauung*）——这一观念可能最早来自黑格尔关于历史意识实现的辩证发展阶段论思想——来解释自己的观点。因此，启蒙运动思想的种种特征就被视为是那个时代的"理性主义"和"个人主义"特质的具体表现。现在看来这种观点有同义反复之嫌。

今天同样难以让我们满意的是，传统马克思主义历史学家在试图解释诸如为何许多启蒙运动思想家认为社会只是各个组成部分之和等问题，或解释何以有人像杰里米·边沁那样，认为道德只是对快乐与痛苦进行量化计算的一种方式，并可以实现与货币价值的转化时，经常诉诸"资产阶级意识形态"之类的口号 [16; 60; 51]。马克思主义者一般认为，18 世纪是封建主义向资本主义过渡的最后阶段，高潮就是资产阶级革命（法国大革命）。启蒙运动因此被视为"资产阶级"反对"贵族"封建主义斗争的宣言 [63]。

这些惯用说法的问题在于，它们解释得太多同时却又太少。它们几乎无法告诉我们，为何像卢梭这样一个中产阶级出身的典型——其父为钟表匠，家乡日内瓦根本上来说也是个资产阶级的城市——反对由同时代的米拉波侯爵和霍尔巴赫男爵（其头衔表明他们是名副其实的贵族阶级）等哲人勾勒出的自由个人主义这一"资产阶级意识形态"[27]。它们也无法解释（将在下文讨论）为何法国的商人群体似乎对于启蒙运动提出的所谓"资产阶级意识形态"明显漠不关心。

正是由于对这些承诺太多却无法兑现的伪解决方案（pesudo-solution）感到不满，20世纪上半叶，许多著名的观念史家和哲学史家不再泛论阶级与阶级意识，而开始深入探讨各种理论的内部结构以及相互间的关系。他们最感兴趣的不是哲人们是谁或他们做了什么，而是他们所表达的思想与他们如何相互影响。更具体地说，他们最关心的不是论辩双方的言语交锋，而是其思想世界更为根本的连贯性与相关性，以及（有时并未明确表达出的）作为基础的形而上学的、哲学的思想前提。这一研究方法的资深前辈恩斯特·卡西尔（Ernst Cassirer）在其《启蒙哲学》（*The Philosophy of the Enlightenment*）一书中揭示了17世纪晚期经验主义反对传统的哲学理性主义的斗争——由洛克所领导，后由孔狄亚克、爱尔维修等人继承——如何转而退化为一种让人难以理解的怀疑主义（休谟为最主要代表），而这也是康德集中其全部哲学智慧致力回答的问题[35; 28; 59]。

卡西尔等人历史研究的问题在于，他们乐意让思想脱离主体，而进行评价时又采用脱离历史背景的固定标准。鲜活的人被简化成了书本上的教义，这种方式即便是更具唯物主义思想的哲人本身也嘲讽过。他们还常常就谁是"真正"重要之人（通常指的是那些在解决哲学问题方面做出具有永恒价值贡献的人）这一问题向读者灌输他们自己反观式的且通常是非历史的评判。在这一方面，卡西尔的著作具有典型性，因为其中甚至连亚当·斯密、杰里米·边沁这样具有影响力的关键人物都未曾被提及，理由是他们在作者看来显然还不具备足够的哲学深度 [35; 1]。研究思想体系的法国历史学家米歇尔·福柯及其后的后现代主义者的研究方法也与之类似。他们拒绝使用传统的"作者"观念，理由是我们永远都无法进入到写作者的头脑中，同时还强调历史研究无法跳脱"话语"或文本的分析 [55; 126]。

相比之下，彼得·盖伊的《启蒙时代》一书更注重展示哲人们鲜活的一面，他们不再是教义的代言人和思想的携带者，而是实际生活中的学者，其观点和论辩正是来自于他们饱经沧桑的知识分子生活经历，以及其独特个性与心理特质。盖伊所倡导的就是他所谓"观念的社会史"[60]。不过，正如我们所见，他仍然选择将注意力集中在他所说的"小群体"即"博爱党"身上，最主要的代表就是伏尔泰、狄德罗和卢梭。结果就是，法国的抑或以法语来表达的启蒙运动被赋予了伟大的、可能也是过度的显赫地位（本书第6章将提供一种不以法国为中心的视角）。他的作品仍然维持着对"大人物、大思想和大作品"的偏爱，尽管这并非其初衷[61]。

就在最近，历史学家尝试让盖伊所提出的"观念的社会史"这一研究计划超越盖伊自身的视野局限。他们已经考察了更广泛的思想家群体之间流畅而有益的互动关系及其消长过程，强调启蒙运动是一项参与者众多的集体运动，而不仅仅是少数巨人在发挥作用；他们还重视物质环境、人民大众的生活方式及其思想之间紧密的内在联系。这种更为新颖的研究方法吸收了马克思主义首创的将物质视为意识基础的思路，却又摆脱了其僵化的惯用说辞（例如认为启蒙运动是新兴的资产阶级社会打破封建锁链束缚的斗争），强调从当时当地着眼来认识活动家、团体以及危机[47; 84; 109]。

最有意义的是，这种对启蒙运动的新"社会史"研究认为，将那些"大作品"问世的18世纪二三十年代——1721年有孟德斯鸠的《波斯人信札》，1725年有维柯的《新科学》(*Scienza Nuova*)，1733年则有伏尔泰的《哲学书简》——作为启蒙运动的起步阶段是错误的。同样我们也不能想当然地认为启蒙运动随着代表人物的离世而终结：除了孔多塞以外，所有伟大的法国哲人都在法国大革命之前离开人世。

晚近的社会史研究成果让我们得以将启蒙运动看作一场由一大群相对籍籍无名的思想家、作家、读者及其社交圈子所发动、维持并传播的影响广泛的变革。如果没有朋友、同情者和同道之人的广泛支持，启蒙运动也不会蓬勃发展。这些同道之人为流亡者提供庇护，或为需要四处躲藏之人传递信件和书籍。有时候掌权者也会对启蒙运动予以默许或暗中支持，放松对当时还属非法行为的出版活动的打击。18世纪中期，法国出版审查机构的头目马勒泽布（Malesherbes）因其奉行的开明政策，也许让他成了法国启蒙运动最好的朋友。无论如何，如果没有印刷工人、出版商以及经常跨国走私非法图书的经销商英勇无畏的且通常是风险巨大的支持，启蒙运动很有可能就会以失败告终。图书贸易的领导者们通常都愿意冒着巨大风险出版哲人们的著作，有时候这是出于政治信仰，但一般来说还是因为利润丰厚，就像罗伯特·达恩顿（Robert Darnton）所强调的那样[46; 47; 87]。

这种"地下"活动对启蒙运动初期各派的参与者来说至关重要，还产生了许多甚至比后来还要激进的讽刺作品和极端观点。如玛格丽特·雅各布所言，早期启蒙运动标志性的政治与宗教猛烈批判大体上来说是为了抵抗正在崛起的波旁与斯图亚特两大专制王朝正在迅猛发展并因天主教而进一步加强的联盟,这一联合在17世纪晚期带来了要席卷一切的威胁[84]。

于查理二世与詹姆斯二世时期离开英国的政治或宗教流亡者与法国的胡格诺派逃亡者[尤其是在1685年《南特敕令》①被废除之后]在荷兰共和国与当地的激进分子、自由思想家、文人、出版商和印刷工人联合在一起。这些人在充满不确定性和阴谋论气氛的乌特勒支、鹿特丹或者阿姆斯特丹寻求庇护,并建立起了自己的非正式秘密组织、俱乐部和社交圈,有时甚至还向着与共济会会所相似的方向发展。这些小圈子颂扬"共和主义"倡导的友爱与自由的美德,作为流亡之人,他们也不得不让"共和主义"的伙伴关系成为自己的生活方式。这些文人组成的共和主义小团体批判政治专制,形成了他们自己的对正统宗教的批判论点,而其立论基础则是一种用大自然取代基督教上帝,而且(在某些秘密流传的手稿中)认为摩西、耶稣和穆罕默德都是"骗子"的泛神论思想,这在约翰·托兰德的作品中体现得最为明显。作为流亡者的托兰德政治上信奉共和主义,哲学上相信

---

① 1598年4月,法国国王亨利四世签署命令,授予法国的新教徒即胡格诺派合法的公民权利和宗教信仰自由。因敕令签署于法国西部城市南特(Nantes),后世遂命其为"南特敕令"(Edict of Nantes)。敕令的颁布标志着16世纪法国宗教战争的结束。——译注

唯物主义，他的思想则是在流亡背景下所产生的种种极端观点中最有逻辑性和条理性的 [84; 155; 156]。

学者对如何评价这一早期的"激进启蒙运动"及其影响尚未形成共识，某种程度上是因为现有的证据都是支离破碎的。不过可以确定的是，批评政治与宗教正统的极端观点中有某些在启蒙运动之初就已经出现，这些观点让早期的伏尔泰都显得温和。艾拉·韦德（Ira Wade）很久之前就曾指出，这些思想通过秘密流通的手稿主要传播到了法国，从而为后来的激进主义提供了肥沃的土壤 [155; 156]。

现在我们可以更为明确地说，目前对运动每一个阶段的了解都只是冰山一角，如果历史学家们忽略这一点，就可能对研究造成阻碍。长期以来学者们对狄德罗和达朗贝尔的《百科全书》给予了高度关注。这是一部关于实用知识的伟大总纲，穿插着相当大胆的进步观点。该书从1751年问世以后，历经约20年的修订，最终规模达到20卷上下，另附有10卷插图。时至今日我们仍然无法确定部分撰稿人的身份，而许多撰稿人尤其是编撰了数百词条的舍瓦利耶·德·若古（Chevalier de Jaucourt）在一般的启蒙运动历史研究中几乎都未曾获得关注。所有人都是启蒙运动不可或缺的庞大的支持者和同情者群体的一员，顶尖的启蒙哲人也要依赖他们的帮助。被称为旧制度"特洛伊木马"的《百科全书》有大量篇幅都是关于工艺、科学技术以及工农业的内容,而在编纂者看来所有这些对于法国实现现代化都至关重要。然而也有少量词条具有更为明显的颠覆性,而达朗贝尔则在"序言"中大声疾呼,为满足新时代的需要必须要有新的思考方式 [92; 125]。

然而,如果不掌握《百科全书》作为一部图书的历史,包括它是如何得到赞助、出版和流通的,谁在销售它,又是谁在购买和阅读,有何种影响等,对其内容的详细研究就会变得毫无意义。罗伯特·达恩顿对于《百科全书》在18世纪后期无数次再版——通常都是篇幅更小、价格更为低廉的版本——的深入研究大大深化了我们对上述问题的理解。有一家特别的瑞士企业即纳沙泰尔印刷公司(Société typographique de Neuchâtel)在《百科全书》再版这一颇有魄力的行动中表现尤为突出。该公司专门从事法国作家所写的小册子和情色小说(risqué fiction)的出版活动,这在当时的法国仍有风险。与此同时,巴黎的出版商由于处在当局的严密监管之下,加之惯于享受自身特权,因而也就无从在启蒙哲人著作普及推广的过程中获取丰厚利润,这一点当然也至关重要 [46; 47]。

那么是谁购买了《百科全书》与类似著作呢?答案显然不是"人民"甚或下层社会的激进分子——此类激

进图书太过昂贵,它们的目标读者群都是富人[37]。另外,尽管书中有贸易和技术方面的词条,但其买家也不是商业资产阶级。法国商人仍执迷于先赚钱然后获得社会地位的传统生活方式,后来他们也被证明是旧制度后期较为保守的阶层[27]。确切地说,市场主要来自于职业阶层的上层(律师、管理人员以及官员)、上层神职人员、贵族地主,以及外省显贵。这些富裕的、有影响力的并且受过良好教育的人也是在18世纪下半期誉满法国各省的文学团体和学术协会的成员[130;英国也有类似团体,如伯明翰的月光社(Lunar Society),参见140]。矛盾的是,身为现行制度的中流砥柱,尽管他们对新思想和流行文化有着强烈的兴趣,但本质上他们又是社会与政治方面的保守派,而启蒙运动自身的持续发展正是依靠他们的庇护和经济支持。

据此可见,法国的"精英启蒙运动"在发展至盛期时,吸引了一个由知识分子组成的精英阶层的参与。他们大多数经济状况良好,为同一阶层的成员们写作。孟德斯鸠有男爵爵位,孔多塞则是侯爵。身为律师之子的伏尔泰依靠写作成为巨富,在自己拥有的费内城堡(château of Ferney)过着时尚生活。爱尔维修通过包税生意发家致富,生在议员之家的吉本则追随父亲的脚步进入议会,而边沁的生活依靠的是继承的祖产。尽管哲人们都赞扬劳动技能,但几乎没有人是真正从平民阶层白手起家的——例外的是狄德罗，还有费城的印刷商本杰明·富兰克林，后者遵循自己所出版的《穷理查年鉴》（*Poor Richard's Almanack*）中的建议（"早睡早起能让人健康、富有、明智"）[17]。霍尔巴赫男爵是启蒙哲人中最为激进的自由思想家，但本人也是出生在德国的贵族，并在巴黎拥有一家富丽堂皇的画廊[87]。

只有到了 18 世纪后期，启蒙运动的知识分子与法国大众文化之间才开始产生富有成效的互动，乃至最终双方关系趋于紧张。如达恩顿所论，18 世纪 80 年代出现了一种新型的启蒙运动，即一种满腔怒火的大众新闻业。穷困落魄的作者们不仅以粗鲁的、蛊惑人心的词语猛烈抨击那些经典目标如教士、包税商和廷臣，而且还发自本能地痛恨享有特权的整个上流社会。这一格拉勃街（Grub Street）式的新型新闻业在法国率先采用了黄色新闻的报道手法，不仅揭露了黑幕以及性丑闻，在此过程中还传播了简化的启蒙运动口号。在这个启蒙哲人们已基本上被吸收进上流社会的时期，新一代作家，如塞巴斯蒂安·梅西耶（Sébastian Mercier）和雷蒂夫·德·拉·布勒东（Restif de la Bretonne）将启蒙运动的政治策略引向对政府心怀不满者与穷人，释放出了更多不和谐的信息，显示他们不以极端世故的伏尔泰为守护神，而是意味深长地选择了反对上流社会的民粹主义批评家卢梭[47; 54]。

彼得·盖伊将启蒙哲人描述为一个"富裕、体面的革命者阶级"[61: vol. 1, 9]。这一明显带有争议性的描述却在相当程度上与事实出入不大。无论思想多么激进,"精英启蒙运动"的领导者们或是出身上流有产阶层,或是向上升入这一阶层,都自认为是上流社会的一员。在英格兰,最为著名的启蒙运动团体是由知识分子、医生、企业主和发明家组成的伯明翰月光社,其成员就包括工厂主乔赛亚·韦奇伍德(Josiah Wedgwood)和马修·博尔顿(Matthew Boulton)、发明家詹姆斯·瓦特(James Watt)、科学家伊拉斯谟·达尔文和约瑟夫·普里斯特利等人。他们赞扬进步,谴责奴隶制度,并为法国大革命的爆发而欢呼。然而,没有人为"人民"的事业而奋斗,而在1790年烧毁普里斯特利的房子并迫使他流亡到美国的不是别人,正是一群由忠于王室的下层国教信徒组成的暴民[96; 139]。

我一直在使用"启蒙运动中的男人"这一说法。那运动中的女人呢?我们很容易就能找到一些在运动中发挥了一定作用的女性:伏尔泰精通牛顿力学的红颜知己夏特莱侯爵夫人(Marquise du Châtelet)以及狄德罗的情人索菲·沃兰(Sophie Volland)都聪慧过人,家教良好,辩才无碍。以沙里埃夫人(Mme de Charrière)之名闻名于世并在瑞士定居的贝勒·德·泽伊伦（Belle de Zuylen）就是一位才情卓越、思想进步的文艺女性。曾与她短暂交往过的詹姆斯·鲍斯威尔（James Boswell）则因为她反对性方面的双重标准，认为她是一个"疯狂的浪女"。伊丽莎白·蒙塔古（Elizabeth Montagu）和沙蓬夫人（Mrs Chapone）这样的"才女"在伦敦受到众人膜拜[106]，而吉本也发现巴黎名媛们组织的沙龙让启蒙哲人大感震惊并且才智焕发。德娜·古德曼（Dena Goodman）认为这样的沙龙正是启蒙思想相互交流的关键场所[64; 著有疑问，参见101]。出版文化的迅速发展也给予了女性无论是作为读者还是作为作家以新的机会[50; 82; 146; 148]。

然而，盖伊所谓的哲人"家族"只对男性开放。可以说启蒙时代没有一位女性是有创见的第一流哲学家、科学家或知识分子，直到大革命时期的玛丽·沃斯通克拉夫特[《为妇女权利而辩护》（*A Vindication of the Rights of Woman*, 1792）的作者]以及稍晚的斯塔尔夫人（Madame de Staël）的出现才改变了这一局面[147; 149]。教会允许女性可以成为圣徒和神秘主义者，而且许多王室和贵族家庭的女性在旧制度时期也行使着巨大的权力，奥地利的玛丽亚·特蕾莎女皇和俄罗斯的叶卡捷琳娜大帝就是最为典型的代表。但是，只有到了19世纪我们才能说有真正的"妇女的运动"，即由妇女领导的、追求性别平等的运动[54]。

（男性的）启蒙运动热情而又宽容地支持这一观点，即女性应该被视为理性的造物，洛克等人就认为女孩应该享受与男孩一样的教育（其理论出于那种认为心灵最开始是一张白纸，并无性别区分的观念[138; 41]）。但除此之外，哲人们并未全然投身于追求男女平等的全面的妇女解放运动。尽管妇女们对于自身遭受的偏见和不公正现象抱怨不已，但却几乎无人思考过选举权和政治参与的问题，也未提出过取消职业性别歧视的要求。当然，思想进步的女性思想家，如玛丽·沃斯通克拉夫特，特别称赞过妇女在抚养和教育子女方面的贡献，她认为正是这一理由让妇女值得享受最好的教育与最高的社会尊重。

一些哲人如卢梭主张按照性别进行明确的劳动分工[138]。公共生活由男性负责，而女性（这个日内瓦人认为她们是情感动物）则应该追求个人美德、谦逊、操持家务以及抚育子女等受人尊重但不抛头露面的生活方式。这些观点，以及对"娇柔化"和"枕边政治"的忧虑，在法国大革命时期革命者的言论中广泛出现。他们对女性参与公共事务最为恐惧，并强烈坚持19世纪倡导的"公私领域分开"的观念。启蒙运动尊重理性，同时却又推动对一种理想化母亲形象的崇拜，它给女性留下了一个模棱两可的遗产[41; 78; 82; 147]。

6

统一性或多样性?

世界主义是启蒙运动思想家们最为重视的价值观念。他们认为理性如同阳光一样普照世界各地，世界存在着一种普遍适用的正义准则，只受一种标准的自然法则的支配——当然人性也只有一种单一的类型，"从中国到秘鲁"的所有人都被赋予了一种本质上相同的禀赋和欲望。因此孟德斯鸠等作家最钟爱的一种文学样式就是设置一个访问欧洲的外国"人类学家"的角色（如一位波斯贤人），以此来嘲讽欧洲乃至全体人类的恶行和荒唐事迹[139]。

启蒙哲人讽刺思想狭隘的民族主义以及其他各种偏狭歧见。他们喜欢自我标榜为世界公民，不是萨伏依人、瑞士人、苏格兰人或瑞典人，而是国际文坛的一员。他们赞赏古典时期斯多噶派哲学家的国际主义以及罗马帝国时期让地中海地区实现统一的普世文明。无论如何，科学界与学术界仍然要依赖共同的学术语言拉丁语来沟通交流。虽然拉丁语在18世纪逐渐式微，但一种新的国际通用语言立即取而代之，这就是法语。腓特烈大帝与伏尔泰通信时使用的是法语，叶卡捷琳娜大帝与狄德罗之间也是如此，甚至爱德华·吉本出版的第一本书也是用法语写成的。

这里存在某种矛盾性。法语逐渐成为一种世界语，但法语的流行也意味着对许多人来说，法国知识分子是先进思想的领袖。历史学家一方面肯定启蒙运动的国际主义特征，但同时又经常强调法国的发展是决定性的，法国散发出的光芒照耀着整个欧洲。例如，伦纳德·马尔萨克（Leonard Marsak）基于这一思路，主张启蒙运动主要是法国的运动 [11; 6]；而罗伯特·达恩顿近来也重申，启蒙运动是从"18世纪早期的巴黎"发展起来的 [49]。离巴黎越远，天空就越黑暗。

不过，将"真正的"启蒙运动同法国的思想文化活动过于仓促地画上等号也有风险。一方面，我们在上一章已经注意到，启蒙运动最早的发展中心并不是法国。在孟德斯鸠和伏尔泰等天才巨擘出现之前，在法国疆界之外已经发生过一些激进的思想运动，最主要的中心就是17世纪的荷兰共和国和1688年之后的英格兰。因此，我们需要对法国启蒙运动的源头进行考察。

另一方面，尽管欧洲各地最主要的知识分子都支持世界主义，但他们也在积极参与并处理地方问题和地方政治，而为了解决这些问题，他们对轻重缓急的判断也各不相同。因此，如果我们认为法国启蒙哲人最为关注的问题——天主教的弊端、"封建"特权、审查制度以及发展唯物主义哲学的需要——也理应在从那不勒斯到乌普萨拉、从伯明翰到圣彼得堡的欧洲各地思想家们的头脑中具有重要意义的话,我们最后所得出的启蒙运动图景将是极度扭曲的。事实上,我们将会发现知识分子们关注的都是自身所处社会与地区的问题,他们提出的"开明"方案都源于各自的文化价值观。

当荷兰思想家率先着手解决启蒙运动的问题时,这些问题在欧洲其他地区几乎还未出现。正如西蒙·沙玛(Simon Schama)所强调的那样,17世纪的荷兰共和国是独一无二的——先有西班牙人,后有法国人,他们都试图使用武力将这个国家从地图上抹去,但无一成功。即便如此,传统观念仍认为,荷兰作为一个政治实体是如此特殊,以致绝难存活下去,因为它为众多民族和信仰各不相同的人们提供庇护——其中不仅有新教徒和天主教徒,还有犹太人和异端分子。不仅如此,它还是一个政治混血儿。一方面,共和国有类似君主的总督,但却几乎毫无权力;另一方面,它依赖一个权力分散、摇摇欲坠的共和制政治体系进行统治,而这一体系又经常陷入分裂。掌控国家权力的不是传统的世袭军事贵族,而是市民阶层,国家财富也是来自贸易而非土地。它也并非古典模式的"共和国",因为共和国的政治智慧提倡节俭而反对"奢侈"[25],与之相反,荷兰的公民们却尽情享受着非比寻常的经济繁荣[西蒙·沙玛,参见124; 137]。

因此，在许多人看来，荷兰共和国的存在让人难以理解，无人知晓到底应对其做何评价。然而出人意料的是17世纪末期的荷兰共和国已经取得了明显的成功，并因此成为启蒙运动愿景的光辉具现——在那里，人民享有免受暴政压迫的自由、宗教上的多元与宽容、经济的繁荣，以及（相对）和平的对外政策。荷兰共和国是容纳流亡知识分子的避风港，它众多的科学发明，加上高质量的出版公司，都使得它成为一个令人羡慕的进步榜样。

然而，17世纪荷兰光彩照人的经历却并未获得响亮的赞誉之声。没有一位启蒙哲人当真认为法国、普鲁士或俄罗斯能够或应该遵循荷兰的政治模式。出身贵族的哲人们讥讽荷兰人是肮脏、贪婪的商人，这与他们对犹太人的鄙夷如出一辙。随着18世纪荷兰在富裕的银行家和国际贸易商支配下寡头特征日益明显，文化事业也走向衰落，对此哲人们并不意外。到1750年，荷兰人已经失去独立做出科学或哲学贡献的能力，仅剩出版业仍保持着欧洲中心的关键地位 [西蒙·沙玛，参见124]。

不列颠①道路的独特性也值得我们深入思考。必须承认，18世纪的英格兰并没有像法国那样诞生过一大群

---

① 1707年的《联合法令》解散了苏格兰国会，并使苏格兰与英格兰合并为一个王国，即大不列颠王国。

意气风发的知识分子,他们传播着政治、自由思想以及道德与两性等方面最为激进的观点[124]。然而这并不是因为乔治王朝时期的英格兰是蒙昧黑暗的——绝非如此——而是因为,早在18世纪之前,英格兰就已经开始经历政治、宗教和个人自由方面的变革,而这些正是法国以及其他国家的激进思想家在18世纪一直在要求但始终未能实现的[116; 117; 118]。

最重要的是,1688年的"光荣革命"让英格兰实现了代议制议会和立宪政府、个人自由(人身保护权)、实质性的宗教自由(虽不完全)以及言论与出版自由。约翰·洛克及其追随者实际上为启蒙社会提供了蓝本,其原则包括:以个人权利和自然法为基础的开明政府;社会优先于政府;理性的基督教;财产神圣不可侵犯,所有者在自由的经济政策下支配其财产;信任教育;最重要的是,对知识进步秉持经验主义的态度,相信人类通过经验实现进步的能力[165; 99]。

乔治王朝时期英国知识分子面临的主要问题不在于对旧制度进行批评,或是从头开始设计一种新制度,而在于为其改良政体进行辩护并使其能够运转。这是一项大胆的实验。更大程度的个人自由会不会危及社会与政治稳定?权力受限的立宪政府是否会崩溃并导致动乱或者独裁统治?为预防这类情形的发生,人们将注意力投向了混合宪政的权力制衡机制,其优点备受称道——这一机制后来很快为孟德斯鸠所接受,并被吸收进了美国宪法之中。然而,在休谟看来至关重要的是,应该用更为明智的、起缓和作用的经验策略来调和政党政治中泛滥的夸夸其谈和花言巧语[罗伊·波特,参见 124]。

同样重要的一个问题是,帝国扩张和工业化时代个人财富的大量增加是否会影响社会团结。换言之,财富是否会摧毁自由、导致阶级对立,或是腐化宪政。所有这些危险都是传统的"共同体"思想最为关注的问题[116]。从 18 世纪初期伯纳德·曼德维尔诙谐的悖论到 18 世纪末期亚当·斯密等政治经济学家的制度论,我们又一次看到了一种乐观的态度[81]。他们认为个人财富能够成功促进国家财富的增加,而繁荣必然会编织出加强而非削弱社会团结的人际关系网络[71]。

然而,道德学家们却担心所谓"占有性个人主义"(对个人利益的追求)一旦在一个"机会国家"① 大行其

---

① 17 世纪英国的共和主义思想家詹姆斯·哈林顿(James Harrington)在《大洋国》(*The Commonwealth of Oceana*)一书中描述了一个平等的理想国家,这里的平等并非指财产的平均分配,而是指人人都拥有通过自身努力获得财富、权力和荣誉的平等机会,以 C. B. 麦克弗森(C. B. Macpherson)为代表的研究者遂冠之以"机会国家"(opportunity state)之名。——译注

道就会导致社会动荡，让人与人之间日益疏远 [97; 116]。对此，主流的英国思想家——从18世纪早期创办刊物《旁观者》(*The Spectator*) 的艾迪生 (Addison) 和斯梯尔 (Steele)，到启蒙运动晚期的苏格兰学者亚当·斯密、约翰·米勒和杜格尔德·斯图尔特 (Dugald Stewart)——都予以了反驳 [94; 38]。他们认为，经济进步会促进消费者社会的形成，这反过来又将提高社会的文明素养，促进和平，让人们的情感变得更为柔和，使人与人之间通过无形的贸易链条联系在一起。确切地说，商业资本主义以及相伴的城市生活不会导致社会分裂，反而发挥着增强社会凝聚力的作用。由此可见，英国第一流的知识分子更为关注实际，而非抽象的方案 [114; 115; 31; 24; 25]。

这一点在作为苏格兰启蒙运动主力的名满天下的文人学者群体身上最为适用。18世纪早期的苏格兰在经济上是落后的。1707年的《联合法令》解散了独立的苏格兰国会，詹姆斯党的失败也进一步分化和削弱了苏格兰。面对危局，伟大的苏格兰思想家如亚当·斯密和大卫·休谟的反应不是紧束双手、陶醉在过去的荣耀中，或是不切实际地设想乌托邦式的独立方案。相反，他们认识到苏格兰的未来将取决于快速的社会现代化和商业发展。他们对资本主义产生的先决条件以及资本主义经济体的运行规律进行了开创性的分析，这些都是苏格兰启蒙运动中务实的天才们做出的伟大成就 [31; 38; 82]。

虽然欧洲大陆的知识分子们对于荷兰的奇迹怀着复杂的感情，但对于不列颠的成就他们几乎毫无疑虑。"英国热"席卷了欧洲大陆。伏尔泰的《哲学书简》积极地推崇英国的政治自由、宗教宽容、经济成功、文化现代性以及科学的荣光——尤以牛顿为最——让这股热潮进一步升温。英国的文化创新，尤其是像《旁观者》一类的期刊和以笛福的畅销书《鲁滨孙漂流记》为代表的小说，广为各国模仿。在英国流亡期间，伏尔泰看到了一个业已行之有效的未来发展模式。

英国有一个低调的立宪政体，其中国王与议会之间形成了一种复杂的、持久的合作关系。许多人相信对中央权力的约束是促进公民社会（商人、工匠、手工业者）的经济与文化独立自主地繁荣发展的一剂良方。但是，作为一种制度它很难输出到他国。

毕竟，在大多数的德意志诸侯领地与易北河以东的君主国，封建贵族仍然掌握着权力，农村经济是落后的、停滞的，民众的识字率极低，能从内部发动经济变革的魄力十足的技术型官员和实业家极少。因此，在欧洲大陆的多数地区需要另一种传播启蒙运动的模式——这种新模式不像英国那样依赖市场机制和个人的主动性去实现进步，也不像法国那样要去攻击坚如磐石的现状，而是要尝试吸收现有制度为己所用,并在此过程中对其进行改造。

在南德意志和哈布斯堡领地,罗马天主教会在实施它自身的改革方案,推动信仰更多地去发挥抚慰心灵的作用,摆脱天主教宗教改革时教义神学的束缚[蒂姆·布兰宁和恩斯特·旺格曼(Ernst Wangermann),参见124]。在信奉新教的德意志诸侯领地与斯堪的纳维亚半岛,就像苏格兰和瑞士的情形一样,大学成为思想变革的阵地,学者们在宣扬一种理性的基督教神学,为经济复苏和行政改革制定方案,并且热情地进行科学研究[托雷·弗兰斯米尔(Tore Frängsmyr)、尼古拉斯·菲利普森(Nicholas Phillipson)、塞缪尔·泰勒和乔基姆·惠利(Joachim Whaley),都参见124]。许多人还参与了政府对全国自然资源的调查活动。虽然吉本认为牛津的教授们都陶醉于波特酒之中("他们乏味而沉迷的酗酒行为让年轻人的轻浮放纵都相形见绌"),而伏尔泰则谴责索邦神学院自我封闭,但我们可以从乌普萨拉、哈雷、哥廷根及其他地区的大学看到19世纪学术生活非凡复兴的先兆。

尤为特别的是,王室本身对于建立开明政府是认同的。所谓的"开明君主"如腓特烈大帝、叶卡捷琳娜大帝、玛丽亚·特蕾莎女皇(算是)及其子约瑟夫二世(显然是)都认识到如果要改善国家的财政基础,让军队实现现代化,那么改革就是必要的[89]。他们改善教育，革新税制，取消国内通行税以刺激贸易，并且建立官僚等级制度使理性、高效而又有序的政府管理更趋完善。经尤斯蒂等法学家所阐释并由考尼茨伯爵（Count Kaunitz）等伟大政治家所实施的官房主义行政学是欧洲大陆绝对主义思想中的实用政治学，目标是要建立"管理有方的警察国家"（"警察"一词此处意指"官僚制"，并非其现代近义词"法西斯"）[127]。

在中东欧，受过良好教育者、职业阶层以及官吏阶层（*Beamtenstand*）赞同由官僚自上而下推动的启蒙运动。进步的贵族们在自己的领地上进行着农业现代化的实验，并且像波希米亚那样建立传播科学与技术的团体[米库拉什·泰希（Mikuláš Teich），参见124; 23]。杰诺韦西（Genovesi）及其他意大利知识分子则向同胞传授经济现代化的知识[欧文·查德威克（Owen Chadwick），参见124; 152]。在从哥本哈根到米兰的欧洲城市里，新成立的读书会人潮聚集，人们一边品尝着咖啡这一新式饮品，一边倾听着关于历史、哲学和未来前景的讲座，并且还学习礼仪文化、实用知识以及高雅的人文品位，这与18世纪早期艾迪生和斯梯尔在备受好评并被竞相效仿的《旁观者》杂志中曾经极力倡导的风潮没什么两样[94]。

中欧的启蒙活动仍是在现有的政治体系下展开。与法国不同，在这里启蒙运动的首务不是要攻击教会与国家乃至追求激进的政治自由。这些策略只会显得目光短浅、愚不可及,并且也注定失败。然而,在一定程度的政治保守主义仍然是当时社会主流的背景之下,那里出现的任何思想潮流都不应被视为无足轻重。由于新的杂志、报纸、图书馆和俱乐部如雨后春笋般出现,中欧各地的有识之士都开始批评旧有的生活方式,并开启了未来变革的前景[乔基姆·惠利,参见124]。

在英国,启蒙运动的倡导者们基本上已经接受了1688年建立的秩序,甚至为之辩护,并继续通过一次次的经济变革和个人财富的增加来推动社会进步。在英国的北美殖民地,启蒙运动成为起义中的惯用语,而美国的缔造者们利用这一独一无二的机会从无到有地建立了一个开明政权[J. R. 波尔(J. R. Pole),参见124; 103; 111]。在中欧,启蒙者与政府合作,视后者为社会稳定、治理有方的进步改革所依靠的力量。然而恰恰是在法国启蒙运动的体制呈现出最不稳定的形态[诺曼·汉普森,参见124]。

与英国不同的是,法国哲人对于王国的组织形式感到痛心:它是落后的、专制的,即使放眼国际社会也堪称失败。他们对这一政体并无忠诚,这与中东欧的启蒙者对于诸侯领地的态度不同。除了杜尔哥这样罕见的特例之外,哲人们从未在法国政府谋得一官半职。

但是,我们万不可因此将启蒙哲人视为不容于主流社会的绝望知识分子,或是身无分文、在阁楼上忍饥挨饿的波希米亚人,抑或被迫过着不见天日的生活、无所顾忌的阴谋家,绝非如此。事实上他们当中的许多人都是富甲一方、名满天下、备受尊崇之士,尤以伏尔泰为最。他们在自己的土地上行使着尚未被承认的、非正式的立法权力,俨然在领导一个处于半流亡状态的政府。路易十五和路易十六对于重农主义者(市场经济的先驱)这些未来的启蒙政治家的态度变幻不定,时而倾听,时而质疑,但总体上对其视而不见;相比之下,时尚的、受过良好教育的文明之士却在购买其书籍,并提高了其声望[130; 46; 47]。当然,这其中有哲人们自身的优势在起作用,他们的名望让他们不会遭到压制,但同时他们的弱点也在于此。

在法国各地,教会与贵族(王国的第一、第二等级)、人民(第三等级)以及启蒙运动的倡导者们(有力的舆论,即第四等级)之间发展出了独具特色的关系。启蒙运动在中东欧或是在如意大利的城邦公国或葡萄牙这样的小型专制王国并未引发严重的社会政治危机。知识分子逐渐被吸收融入统治阶级之中是这些地区的发展趋势。

相较之下,英国内部的危机并未达到临界点,因为国家已经同意保障言论自由,并为公民社会和经济发展提供了相当大的空间。独立的作家、宣传家、批评家、实业家等人的活动对于国家来说并非实质威胁。尽管英国的知识分子和艺术家经常发表反对国王或政府的言论，但他们在内心深处却是支持国家事业发展的，而且通常都是情绪高昂的爱国者。

　　法国是一个明显的特例。它的社会是现代的，有文化修养，富而好礼，其程度足以产生一个有影响力的知识分子阶层。这个阶层对自己的力量充满自信，相对而言，对于王室的赞助、教会肥缺以及学术荣誉并无觊觎之心。法国思想家并不害怕遭到政府镇压。然而，他们仍然心有不满，并且具备影响对社会不满之人的能力。说法国启蒙运动导致了法国大革命的爆发自然难以令人信服，但这场运动显然创造了一种使人们对旧制度的思想忠诚遭到削弱并使政权受到动摇的局势。

7

运动或是思想?

1768年，路易·布干维尔（Louis Bougainville）踏上了当时欧洲人刚发现的位于太平洋上的塔希提岛。这位法国海军指挥官颇有学识，很快就出版了一本游记，称赞该岛与古典作家们提及的天堂群岛极为相似，那里一片安逸、和平和富足的景象，大自然能同时满足所有人的需求。最重要的是，他强调这些幸福的岛民们都没有私有财产，也没有基督教欧洲那种严格的两性禁忌。

在读到对天堂之岛的这一描述时，法国哲人德尼·狄德罗立刻化身为一位天马行空的人类学家，为这本游记写了一篇续作。狄德罗超越布干维尔之处在于，他描述的塔希提社会根本上摆脱了独裁统治和私有财产的一切影响（"没有国王，没有行政官，没有教士，没有法律，没有'我的'和'你的'"）。他写道，包括妇女在内所有一切均为共有，因为在这个幸福岛上性自由是受到赞扬的。性自由并未如同基督教的布道者所预言的那样，让人人都变得不知羞耻、荒淫无道；相反，自然欲望摆脱了令人畏惧的禁律之后，社会反倒变得平和、友善起来，人们的心理也更为健全。狄德罗一方面赞扬这些"高贵的野蛮人"，同时谴责那据说是文明开化的欧洲扭曲而又消极的性观念 [58; 120; 129; 136; 164]。

在第二次航行到塔希提岛时,库克船长①开始质疑布干维尔所描述的、在他看来是美化的和虚构的波利尼西亚人的情感生活。他认为,将塔希提人描绘为沉迷于某种形式的共产主义是对他们的侮辱,因为他们的社会完全不是如此的原始。观察者只要认真仔细,不受这些虚幻偏见的影响,就会发现(这位务实的约克郡人如是记载)岛上几乎每一棵树都是某位居民的财产。

对于塔希提人所谓的性自由也要重新认识。波利尼西亚人的性道德并不允许两性激情毫无节制,事实上它与英国或法国实际推行的标准几乎一样。当然,库克船长也承认,当他的船只首次登陆时,立刻就有放荡的女人包围上来,热情地推销她们的性服务。但是,难道当一个塔希提人将船开进朴次茅斯或查塔姆时就不会看到完全一样的事情吗?

这一小插曲为我们了解启蒙运动所倡导的价值观念开启了一扇迷人的窗。为了嘲讽天主教会病态地执迷

---

① 库克船长,指詹姆斯·库克(James Cook, 1728—1779),英国探险家、航海家,同时也是英国皇家海军军官,参加过英法争夺北美殖民地的七年战争。1768—1779 年,库克先后三次在太平洋地区开展航海活动。——译注

于贞洁观念及其对于两性关系令人扫兴的态度,狄德罗这位异想天开的巴黎哲人强使他笔下的塔希提人充当媒介。相较之下,库克船长这位到实地考察的务实英国人对于"高贵的野蛮人"这样的传奇故事则显得毫无兴趣。到这里,也许有人会说,哲人们尽管煞有介事地谈论着"人的科学",却被当场发现在编造虚幻的故事,而严肃的英国航海者则是基本事实真正的捍卫者。

然而,将启蒙运动思想与坚定的经验主义进行这样的对比有过于武断之嫌。库克本人对于塔希提人的观察也是深受启蒙哲人的理论和偏见影响的。他对岛民性道德的"辩护"(他自己如此认为)是源自当时被广泛接受的"均变论"和"世界主义"观念,即认为人的本性和行为在世界各地必然是相同的,伏尔泰和休谟等哲人也是这一观念的倡导者[139]。而且,库克还接受主要由苏格兰经济学家所阐释的假设,即财产私有和社会分层是任何复杂和繁荣社会的固有特征。与毫不掩饰自身裸体的澳大利亚原住民不同的是,塔希提人是一个繁盛的民族,因而在库克看来,他们必定会拥有一种社会等级和私有财产制度[31; 116]。

与库克这位观察家相比,狄德罗这位天马行空的哲人更像是一个神话制造者,但库克本人也接受了启蒙运动的基本价值观。他丝毫未曾以波利尼西亚人的放荡生活为依据而评断他们充满原罪。他们的风俗习惯和生活方式与欧洲人不同，这一简单事实并不会自动地就让人将他们归类为低等人，更不用说以此为理由去虐待他们、剥削他们，甚至将他们变为奴隶贩卖。因为他们是人类，而库克与所有其他的哲人一样都会毋庸置疑地认可古罗马剧作家泰伦斯（Terence）的那句名言："我是人，我认为人人都是我族类。"（'*homo sum, et nihil humanum alienum a me puto.*'）孟德斯鸠曾精辟地阐述过启蒙运动的一种理念，即一个人不应对其他民族的生活方式指手画脚，而应尝试立足于他人生活环境的背景去理解它，然后利用自己掌握的这些知识去提高对自身生活方式的理解 [18; 5]，而库克则将其付诸实践。

从以上事例中，我们可以提出一个重要问题，即应该在多大程度上将18世纪的各种书面成果——所有艺术、科学和想象的作品——看作启蒙运动的产物。换言之，是否将启蒙运动一词的适用范围限定在更为独立的、忙于批评和改革的辩论家群体身上更为合适呢。答案不是唯一的，不分对错，也没有标准。我们必须要弄清楚启蒙运动的观念在多大程度上影响了当时的文化。然而，我们越是扩大这些术语的适用范围，它们如同货币一般贬值的危险就越大，最终只会变得一文不值 [49]。

因此，我们应该注意到塞缪尔·约翰逊（Samuel

Johnson)的道德寓言《拉塞拉斯》(*Rasselas*, 1759)与伏尔泰同年出版的《老实人》有许多相似之处,这一点很重要。这两本书以流浪汉小说式的叙述手法,告诉人们在一个充满酷行、暴力、野心、痛苦和失望的世界里,想要找到真正的幸福是多么困难。在这样的世界里,大多数所谓"幸福"的人尤其是君王和哲学家之所以幸福,只是因为他们拥有自欺欺人的无限才华。

伏尔泰的作品无疑是启蒙运动的重要文献,因为它对上帝的仁慈提出了质疑,谴责了枯燥的理性主义(也就是哲学上所谓的"乐观主义"),并敦促人们要脚踏实地[153]。认为约翰逊的同类作品也宣扬同样的价值观显然是不正确的。约翰逊讨厌伏尔泰,痛恨不信宗教者,对于创新充满怀疑。他的道德故事是要警示人们,对世俗幸福抱持过高的期望是无意义的,而非要指导人们如何变得幸福,并以一个"没有给出任何结论的收尾"作结[102]。

换言之,将18世纪所有的文化发展、所有文学形式的创新以及所有审美标准的变化都视为一种自成一体的启蒙运动哲学的体现是错误的。但如果要否认哲人们所倡导的人性论与美好生活的理想广泛体现在文学艺术、出版物以及实际生活中这一事实,那也是同样愚蠢的。人文科学在许多方面都体现了启蒙运动的思想。

以小说的发展为例。我们不能笃定地宣称小说诞生于启蒙运动之中,不过许多18世纪的小说都明显反映出启蒙运动议题的影响。在18世纪早期,丹尼尔·笛福的《鲁滨孙漂流记》非常经典地刻画出自然状态中的人所面临的困境:这位遭遇沉船事故的水手必须要在孤岛上独自一人(仅仅得到了星期五的帮助)恢复文明生活并开创自己的命运。到18世纪末,萨德侯爵(Marquis de Sade)的色情小说则要在一个善恶观与是非观已完全崩解并被完全主观的快乐与痛苦问题取而代之的后基督教世界里关注行为准则(真的有一丝一毫吗?)的问题 [44; 136; 158]。

在整个18世纪,哲学、伦理学和心理学上的新思想与探讨人的性格与动机的小说之间有着非常活跃的互动。狄德罗的对话体作品《拉摩的侄儿》(*Rameau's Nephew*)堪为典型代表。狄德罗用对话的形式来阐述不同的观点,从不同的角度对同一主题进行剖析。

同样地,第三代沙夫茨伯里伯爵(3rd Earl of Shaftesbury)、弗朗西斯·哈奇森(Francis Hutcheson)、大卫·休谟等思想家提出的感受与情感是真道德之源头的新思想也迅速地体现在了以亨利·麦肯齐(Henry Mackenzie)《多情的人》(*The Man of Feeling*)为代表的小说以及德国作家莱辛(Lessing)的作品之中 [29]。而歌德在其长篇小说《亲和力》(*Elective Affinities*)中对相互竞争的爱情、性与对婚姻的忠诚这三者吸引力别具一格的探索,则明显吸纳了不同的化学元素亲和力也不同这一流行的科学理论。与此类似,劳伦斯·斯特恩(Laurence Sterne)也在其小说《项狄传》(*Tristram Shandy*)中告诉读者,需要熟悉洛克的心理学,因为后者的《人类理解论》一书是正确理解人类大脑运行机制的关键[165]。

由此可见,小说经常被当作探讨启蒙运动思想影响力的工具。对于文学与艺术的其他领域来说,这一点同样适用。下文将以歌剧为例。当然,并非歌剧的所有发展都展现了启蒙运动的观点和品位,但哲学的问题和见解显然发挥了作用。莫扎特的《唐璜》(*Don Giovanni*)探讨了性爱自由与人性的要求之间的矛盾冲突,《费加罗的婚礼》(*The Marriage of Figaro*)则强烈谴责了"封建社会"古老陈腐的初夜权(*droit de seigneur*),《后宫诱逃》(*Il Seraglio*)则将文明的欧洲与充满异域情调但野蛮、独裁的奥斯曼帝国进行了对比,而《魔笛》(*The Magic Flute*)则展示了通过自知自觉人性在精神层面取得进步的前景。

尤为特别的是,现代人对诸如"什么是风格"或"什么是品位"这些古老问题的答案正是由启蒙运动的思想家们所给出的。传统观点认为,不同的文学艺术类型

（史诗、悲剧、油画等）及在背后起支配作用的美学准则一直以来都是由亚里士多德和其他的古典作家所规定的，现在这一说法终于遭到了挑战并被摒弃。沙夫茨伯里伯爵、狄德罗、温克尔曼（Winckelmann）以及莱辛这些启蒙运动最杰出的批评家们试图建立一种新的美学体系。他们的思考揭示出了文化上的潜移默化与对特定颜色、形状和声音的心理（乃至生理）反应是如何塑造出品位的。埃德蒙·伯克认为，海洋或高山的壮观景象会影响到感官、神经和想象力，由此产生的那种敬畏感就是对"崇高"（Sublime）的体验 [76]。

除了人文艺术之外，许多其他的行业领域也一直在经历着变革，其原因也同样可以归结到特定的"内部"压力与启蒙运动价值观念所激发出的新观点之间的积极互动。以医学为例。彼得·盖伊恰如其分地指出，启蒙运动时期人们"恢复勇气"、变得乐观的一个因素就是疾病对人类的危害已经减轻了 [61: vol. 2, ch. 1]。将瘟疫和传染病看作上帝为惩罚人类罪行而下达的意旨从而拒不就医的人减少了。伊拉斯谟·达尔文这位行医的哲人就认为将魔鬼视为疾病源头的看法是荒谬的，而相信上帝有意让人类遭受痛苦的说法也是可笑的——上帝怎会如此残忍？[96]

当 18 世纪早期英国开始接种疫苗预防天花时，只有苏格兰的少数坚持基本教义的加尔文教区予以抵制，理由是痛苦是命中注定的；而在启蒙运动发展活跃的英格兰，人们相信上帝会帮助自助者这种更为"理性"的信念，因此更容易接受这项重大的医学进步。疫苗接种甚至得到了主教们的大力推荐，而伦敦皇家学会则通过搜集统计数据证明从概率上来说注射疫苗能够挽救生命。同样，启蒙运动时期的医生们也不再相信圣经里所谓精神疾病是因魔鬼附身而引起的这种传统说法。他们或是将其解释为脑部疾病，或是援引洛克的心理学将其解释为理解的过程中思维产生错误联想而引起的精神错觉。相较之下，"老派的"卫理公会领导人约翰·卫斯理（John Wesley）仍坚持认为，疾病是由魔鬼和巫术引起的[123]。

事实上，在启蒙运动价值观念影响下，生命从摇篮到坟墓的全过程都在发生变化。来看看婴儿出生的例子。进步主义的医生们敦促人们不要求助于"无知的"乡村产婆来接生婴儿，而要相信经验丰富的男性产科医生。他们强调，新生儿一旦平安诞生，就不应再受到传统的襁褓期观念约束，而要允许他们"自然地"活动。我们不宜人为地去"溺爱"幼儿，而应鼓励他们在新鲜空气里自由成长。如果采用这种方式，他们就会学会"坚强"，身体也会变得强壮[163]。伊拉斯谟·达尔文以及其他抱持类似观念的医生都认为，如果人们注重身体健康（而非浪费时间在"灵魂"上），人类的寿命就没有理由局限于圣经中的70岁。

启蒙思想家认为，在面对最终来临的死亡时，我们应该摆脱传统基督教宣扬的对地狱之火的恐惧心理。当害怕死亡的基督徒詹姆斯·鲍斯威尔拜访正饱受癌症病痛折磨的不信者大卫·休谟时，他对休谟的欢愉与平静感到震惊乃至愤怒。启蒙思想家认为死亡就跟入睡一样自然 [123; 95]。

不过，如果我们就此得出结论，认为启蒙运动对生活方式的改变都是确确实实的"进步"的话，那就有失轻率了。这些变化经常会产生复杂的影响。以对待犯罪分子的方式为例，旧制度下对犯罪行为的处罚传统上都是肉刑和极刑。与英国不同，司法酷刑在大多数欧陆国家是合法的。意大利的贝卡利亚和英国的边沁这些启蒙运动的代言人谴责所有这些惩罚制度，认为它们既无效果又冷酷无情。边沁主张用漫长的有期徒刑来取而代之，期间犯人可以通过劳动补偿社会并为自己赎罪。改革者相信，如果犯人被独自拘禁在囚室中，他们就一定会反思自己的罪行，从而实现心理上的再生。因此，文明的刑罚学应该侧重威慑与改造而非报复与惩罚。总而言之，总是产生反效果的司法酷刑必须要废除。这些政策从18世纪晚期开始在欧洲广泛实施。然而,是否这种新的监禁制度真的更为人道,或是在阻止犯罪方面更为成功,这仍有待验证 [56; 143]。

启蒙运动的改革并不总是会按照预定方案进行。同样,真正的进步并不总是启蒙运动思想家的功劳。来看奴隶制度。在殖民地种植园发展起来的奴隶制度受到了启蒙哲人的一致谴责。它是一项违反人性的罪行,否认人类之间的兄弟友爱,而且更重要的是,按照亚当·斯密的说法,它实际上比雇佣自由劳动力的成本更高。不过,英国开展的要求废除大英帝国内奴隶贸易以及奴隶制度本身的运动是由福音派和贵格派基督徒所领导的。而托马斯·杰斐逊虽然深受启蒙运动影响,也倡导人权,还担任过第三任美国总统,但其一生都是奴隶主 [5]。

原则与实践、态度与行为之间的关系始终是复杂的。本章并非要证明18世纪生活方式的所有变革都是启蒙运动时期的创举,也不曾认为所有在启蒙运动影响下的变革都是全然进步的。不过,最无可争议的一点是,启蒙运动思想的推动者们相信人类生活的进步不仅是可能的,而且是值得追求的。让世界变得更好是当代人对后代应负的责任。哲人们认为,人们应该利用科学、技术和工业来征服自然。他们强调人们可以通过经济学、统计学以及我们现在所说的社会学来理解社会本身的运行机制,而一旦我们通过这些"社会科学"理解了社会关系,就能够更好地对其加以组织,并实现更为理性的控制。最重要的是,他们认为人们不应总是缅怀过去辉煌的历史,而要学会着眼未来。进步不会必然实现,但至少事在人为[145]。

8

结论：启蒙运动是否重要？

18世纪90年代，大肆喧嚣的保守派理论家们将他们眼中法国大革命所有的过错都归结到启蒙哲人身上。伯克与巴吕埃尔神父一样都认为，所谓的"蒙受启示之人"(illuminati)不过是陶醉于理性的空想家，他们华而不实的、伪人道主义的方案以及轻率的言论迷住了易受左右的人，并给现状带来了致命的伤害。启蒙运动的反对者当然可以将矛头指向当年那些哲人们，因为他们也被深深卷入了法国大革命时期的政治。当孔多塞死于恐怖统治时期，而《理性时代》(*The Age of Reason*)一书的民主派作者托马斯·潘恩也是死里逃生时，我们很容易就会认为激进的懦夫们终于自食其果了。

大体上来说，将1789年及其后发生的一切都归功于或者归罪于启蒙哲人是没有意义的。无论如何，几乎所有的启蒙运动领导者在1789年都已不在人世，所以我们无从知悉他们的反应。伊拉斯谟·达尔文以及其他自由主义的改革者曾为法国大革命的爆发而欢呼，但当路易十六被处死、恐怖统治导致暴行累累时，他们就不再是革命的支持者了 [20; 93]。

然而，我们必须要问一个相关的问题，即哲人们在他们自己的时代里取得了什么样的成就。许多国家在启蒙运动原则的刺激之下，甚或在开明政治家的指导之下，政府通过了一些意义重大的改革措施。约瑟夫二世在奥地利帝国废除农奴制就是一个显著的例子。路易十六则任命哲人杜尔哥来解决法国的财政危机，后者没有成功，事实上任何人都会失败。在英国，苏格兰学派主张的"自由贸易"政治经济学受到欢迎，并且逐步被小皮特（Pitt the Younger）及其追随者所采用。杰里米·边沁所构建的功利主义激进哲学思想对19世纪的行政体制改革尤其是《济贫法》（Poor Law）在根本上的重新修订具有不可否认的影响。

我们很难找到孟德斯鸠、伏尔泰、狄德罗、达朗贝尔、马布利或摩莱里等人倡导的措施中有真正付诸实施的[93]。不过，这与其说是因为哲人们的思想不切实际，不如说是因为法国王室维持国内秩序的尝试失败而导致的灾难性后果。无论如何，"精英启蒙运动"的领导者们最关心的不是兜售寻常的政治秘方，而是要让批评讽刺的声音传播开来，并且要更全面、更有想象力地付出努力，以让人们对于作为一种社会存在和自然存在的人获得全新的、更为人道及更为科学的理解。他们侧重分析问题甚于制定方案，侧重提出问题甚于得出结论。人的本性为何？道德的基础何在？人是否是社会存在？狄德罗在其最后一部剧本中也向人类提出了一个问题：他是善良的,还是邪恶的?狄德罗的毕生事业就是提出了一大堆关于"现代性"的经典问题、疑惑和模棱两可之语。

我们如何知道?什么是对与错?我们是否只是由遗传学、解剖学和化学所操控或者受到环境影响的机器?另一方面来说,我们是否有自由意志?或许我们只是自认为有自由意志?我们来自何方?去往何处?所有这些问题一直在被反复提出,有时是开玩笑,有时则是严肃思考。无可争辩的一点是,启蒙运动所开启的这一急迫而连续不断地探讨人性与人类行为动机的计划,意味着彻底抛弃关于人及其责任与命运的标准教义,或者至少要与之保持距离。自古以来所有的基督教会一直在通过它们的信经和教理问答书以权威的立场传授这些教义。

关于启蒙运动最终明确提出的政治方案有多激进以及在多大程度上可适用,历史学家们并无统一意见。显得清楚的一点是,它真正的激进之处在于,在理解人、社会与自然时摒弃了那种以圣经为依据的、超脱尘世的框架,而这一框架经文有载,教会认同,神学中被理论化,讲坛上被宣讲传播。晚至17世纪末期时,当时欧洲最为著名的历史学家波舒哀主教(Bishop Bossuet)写出了一部他命名为《世界史》(*Universal History*)的史书,在书中他认为人类诞生以来的历史还不到6000年。该书将人类所有的事务都归于神意,而伏尔泰顽皮地点评说，完全忽略了中国文明[107]。对基督教历史来说，关于人类的正确研究就是着眼于上帝的关怀与引导。相较之下，伏尔泰所开创的哲学史则是以人在自然与社会中的行为作为研究对象。吉本的《罗马帝国衰亡史》甚至还写了关于基督教的"客观"发展史，将基督教的发展归结为纯粹客观的或者说"次要的"原因。哲人的历史学以其立足全体人类的视角取代了在神意框架下反观人类的理论。

由此可见，启蒙运动决定性地开启了欧洲思想世俗化的进程。这并不意味着哲人们都是无神论者，或者其后人们都不信宗教——两者显然都不对。毕竟，针对法国大革命的反省在整个欧洲都引起了福音神学和教会的强势复兴。但是，在启蒙运动之后，基督教再也不是公共文化的中心了。启蒙运动将但丁、伊拉斯谟、贝尼尼（Bernini）、帕斯卡、拉辛（Racine）和弥尔顿（Milton）这些伟大的基督教作家和艺术家置于这场伟大的文化分野的一侧，而德拉克洛瓦（Delacroix）、叔本华（Schopenhauer）、乔治·艾略特（George Eliot）和达尔文则位居另一侧。可以说浪漫主义就是灵魂摆脱了宗教的产物。

随着启蒙运动的发展壮大，关于信仰的公共论战也随之结束，巫师迫害与异端火刑被终结，巫术与占星学消亡不见，神秘主义思想衰退，人们不再轻信天堂与地狱实际存在，也不再轻信魔鬼及其一切追随者。超自然之物从公共生活中消失了，为填补这一空缺，19世纪多愁善感的人们赋予大自然以神圣性，并且发明了新的传统，尤其是公开宣传的爱国主义。当然，宗教仍旧存在，但它在知识、科学以及人才济济的人文艺术领域逐渐失去了支持者。启蒙运动让宗教名誉扫地。

这些大规模的变化并非是在一夕之间完成，但它们确实发生了。原因何在？某些普遍性的因素显然在起作用，例如科学研究的成功。但是，如果认为新科学卷入了反对宗教的激战之中，那就明显具有误导性。事实绝非如此——大多数18世纪的科学家都是虔诚的信徒，但在整个18世纪，科学的新发现以及其他形式的考察活动一直在削弱那种有限时间和特定空间的独特意识，而这种意识正是圣经故事尤其是伊甸园的故事、伯利恒的事件，以及罗马主教成为圣彼得继承者的传统维持其正当性所需要的。一旦知识分子直接面对无限空间里数以亿计的恒星、数百万年的时间、无数已灭绝生物的化石，以及五大洲人类语言、文化和种族多样性的历史对信仰提出的问题时，基督教从此深陷困境之中，始终在尝试让自己适应新科学。与此相对，启蒙运动则毫不犹豫地抓住了这个由无限未知带来的激动人心的机遇。

但是，必须要强调的是，如本书第 4 章所述，启蒙运动是一个世俗知识分子阶层崛起的时代，他们庞大并强大到足以有史以来第一次挑战教士阶层。几百年来教士一直掌控着最好的宣传媒介（教会、讲坛），在主要的教育机构里（中小学、大学、神学院）包揽所有职位，并且在信息分配上享有法律特权。

现在一切都改变了。正是在 18 世纪，数量可观的世俗文人群体开始依靠知识和写作维持生计。有些人依靠格拉勃街式的新闻报道糊口，另有少数人却凭借笔杆发家致富。伏尔泰曾提到，在他年轻时，社会由出身显贵之人管理着，而后来则被文人所接管。这些宣传家们利用报纸杂志这些新的沟通途径（《旁观者》堪称以世俗知识为内容的某种形式化的每日"布道"）以及哈贝马斯（Habermas）所谓"公共领域"中的公共舆论所提供的机会进行宣传[69]。

他们受到了不断增加的识字大众的欢迎，后者正渴望着新的文学体裁作品，例如散文、小说和传记文学。反过来说，他们的影响力也因为前文所提到的读书俱乐部、学会、文学与科学协会而得到加强。就这样，在争取第二等级（传统的政治阶层）和新兴的第三等级（平民）注意力的斗争中，第一等级"教会贵族"遭到了"第四等级"（简单地说就是新闻界）这一新阶层的挑战。

对启蒙运动中一个强势的文人团体或者说知识阶层[柯勒律治（Coleridge）将其恰如其分地命名为"知识精英"（clerisy）]的兴起所产生的这种变化，我们很难面面俱到地评判其意义。在近代早期的几百年里，知识和观念的解释权基本上仍然由教士所掌握，而他们自己又要效忠于地位更高的权威。在这一背景下，思想的产生往往因循正统的、常规的模式，而这种模式又常与一个相对稳定的传统社会相适应。相比之下，新兴知识阶层的效忠对象则有着无穷无尽的多样性。有时候他们为赞助者或雇主而写作，但通常他们的写作都是为了自我欣赏，或是为了与社会上一般的消费"大众"进行广义上的交流。而且，由于作家们摆脱了一直以来约束教士们的枷锁的羁绊，文学的世界变得高度多元化。随着识字率的提高与更多的人阅读小册子和报纸，喉舌媒体大量增加，它们各显神通以吸引注意，这与受教育社会整体不断增加的多样性是相匹配的，而且还进一步提高了这种多样性[161]。

我们可以说这意味着更大的独立性，无论是对作者还是读者都一样。或者换句话说，启蒙运动的遗产就是使欧洲思想摆脱了蒙昧教条的束缚。若真如此，那就可以光明正大地宣称，启蒙运动的最终影响是激进的。但这一断言过于简单，有颇多可疑之处。思想从不会远远领先于社会,而且,18世纪有许多大胆的、创新性的思想在经历迅速改造后,转而成为19世纪主流社会的坚定基础。

启蒙运动中伟大新颖的关于人的科学,例如分析社会动态、人口增长以及财富的创造,后来成为实证主义的"沉闷科学",并为政府提供了完美的意识形态工具,用以解释为何资本主义秩序是不可改变、不可避免的,以及为何贫困错在穷人。孔狄亚克和爱尔维修的心理学认为人类具有各种可能性,这颇吸引人,但却很快被用来确保学校中的儿童与工厂里的成人顺服与守纪。由于摆脱了原罪,"人是机器"(摆脱了原罪)的设想曾经让人兴奋不已,却在机器时代的工厂生活中成了梦魇般的现实——后来我们又用行为主义的条件反射(behaviourist conditioning)一词来描述这一现实[65]。

启蒙运动虽然帮助人们摆脱了过去,但它并不能杜绝未来加诸人类之上的枷锁。我们仍然在努力解决启蒙运动所促成的现代化、城市化工业社会里出现的各种问题。在努力的过程中,我们势必大量利用社会分析的技术、人文主义的价值观,以及哲人们创造的科学技能。今天我们仍然需要启蒙运动的哺育。

推荐书目

下面所列举的书目只是启蒙运动学术研究的冰山一角。我的挑选原则是以大学研究人员、大学生和高中生方便获取并对他们有利的作品为主。除了最新的研究著作以外，我还挑选了可靠的权威论述作品，其中一些虽然年代久远但至少在各图书馆都有收藏。出于实用的考虑，一方面我在各个主题中都提供了足够多的英语文献，同时还引用了一些法语、德语和意大利语文献。考虑到文献获取的难度问题，所列文献以论著而非论文为主。

对于那些精通各种外语、能够随意使用研究型图书馆资源的人来说，他们可以阅读优秀的书目文献型的研究指南，其中可以获得比我在此处所列更具专业性的文献。美国18世纪研究会每年都出版《18世纪：当代书目》(*The Eighteenth Century: A Current Bibliography*)。它包含有一份权威性的书目清单，几乎包含了18世纪研究领域的一切文献资源，其中部分文献还有关键点评（每年出版一期的这部书目现在已经超过了500页）。1975年之前，这本书目是作为《语言学季刊》(*Philological Quarterly*)的附录而出版的。自20世纪50年代中期以来，伏尔泰基金会以《伏尔泰与18世纪之研究》(*Studies on Voltaire and the Eighteenth Century*)为名的系列丛书每年都会有许多册问世。每一册的完整书目清单都可以从位于牛津大学泰勒研究所的基金会获得。关于启蒙运动历史的国际会议已经召开过很多次，这些丛书中就包含有完整的已出版的会议会刊。这些丛书展示了不断变化的学术研究的迷人之处。

此外，众多的期刊也发表了大量有关启蒙运动研究的论文以及书评文章，包括《18世纪研究》(*Eighteenth Century Studies*)、《18世纪生活》(*Eighteenth Century Life*)、《18世纪：理论与解释》(*The Eighteenth Century: Theory and Interpretation*)及其前身《伯克及其时代研究》(*Studies in Burke and his Time*)、《观念史杂志》(*Journal of the History of Ideas*)、《启蒙运动与非国教信仰》(*Enlightenment and Dissent*)、《18世纪文化研究》(*Studies in Eighteenth Century Culture*)以及《不列颠18世纪研究杂志》(*The British Journal for Eighteenth Century Studies*)。还有许多专门性期刊只以某一位著名的启蒙哲人为研究对象，如《狄德罗研究》(*Diderot Studies*)。

此外，彼得·盖伊的《启蒙时代》[61]包含有一份极为详细的评论性的参考书目，涵盖时间截止到20世纪60年代的中晚期。如果要阅读更贴近当代的文献指南，《布莱克韦尔启蒙运动指南》(*The Blackwell Companion to the Enlightenment*)一书也大有益处。我并没有详细列出有关启蒙哲人的著作或通信的所有现代学术点校版本。不过，书目的第一部分列出了启蒙哲人作品的摘要选集，并且尽可能采用英译版本。

第一部分　参考文献与选集

[1] Berlin, Isaiah (ed.), *The Age of Enlightenment* (New York: Mentor, 1956). 伯林选择的文本以哲学问题和哲学作家的作品为主。

[2] Black, Jeremy, and Roy Porter (eds.), *The Basil Blackwell Dictionary of World Eighteenth-Century History* (Oxford: Blackwell, 1994).

[3] Brinton, Crane (ed.), *The Portable Age of Reason Reader* (New York: Viking, 1956).

[4] Broadie, Alexander (ed.), *The Scottish Enlightenment: An Anthology* (Edinburgh: Canongate, 1997). 这是一本内容丰富的选集。

[5] Carretta, Vincent (ed.), *Unchained Voices: An Anthology of Black Authors in the English-Speaking World of the Eighteenth Century* (Lexington, KY: University Press of Kentucky, 1996). 启蒙运动时期的众多黑人作家直到近期才为人所知。

[6] Crocker, Lester G. (ed.), *The Age of Enlightenment* (New York: Harper, 1969).

[7] Eliot, Simon, and Beverley Stern (eds.), *The Age of Enlightenment*, 2 vols (New York: Barnes and Noble, 1979). 这是内容最为广泛的选集之一,有相当大的篇幅留给了科学和艺术的主题,但也令人奇怪地忽略了一些内容,例如卢梭的部分。

[8] Gay, Peter, *The Enlightenment* (New York: Simon and Schuster, 1973). 一本内容相当丰富、均衡的选集。

[9] ——, *Deism: An Anthology* (Princeton, NJ: Princeton University Press, 1968). 这是一部以启蒙运动早期的宗教作品为主的选集,令人大开眼界。

[10] Kramnick, Issac (ed.), *The Portable Enlightenment Reader* (Harmondsworth: Penguin, 1995).

[11] Marsak, L. (ed.), *The Enlightenment* (New York: Wiley, 1972).

[12] Rendall, Jane (ed.), *The Origins of the Scottish Enlighten-*

ment, 1707—76 (London: 1978). 一本关于苏格兰启蒙运动有用的史料选集。

[13] Schmidt, James (ed.), *What is Enlightenment? Eighteenth-Century Answers and Twentieth-Century Questions* (Berkeley, CA: University of California Press, 1996). 再现了18世纪对于"什么是启蒙"的论战。

[14] Williams, David (ed.), *The Enlightenment* (Cambridge: Cambridge University Press, 1999). 以政治理论为主。

[15] Yolton, John W. (ed.), *The Blackwell Companion to the Enlightenment* (Oxford: Blackwell, 1991). 最好的研究指南。

第二部分 研究论著

[16] Anchor, Robert, *The Enlightenment Tradition* (Berkeley, CA: University of California Press, 1967). 虽有瑕疵,但仍饱含热情地探讨了作为资产阶级价值观体现的启蒙运动。

[17] Anderson, Douglas, *The Radical Enlightenment of Benjamin Franklin* (Baltimore, MD: Johns Hopkins University Press, 1997). 揭示了富兰克林早年的阅读如何让他成为启蒙运动的参与者。

[18] Aron, Raymond, *Main Currents in Sociological Thought* (London: Penguin, 1968). 书中对孟德斯鸠作为社会科学奠基人之一的作用的探讨相当重要。

[19] Baker, K. M., *Condorcet: From Natural Philosophy to Social Mathematics* (Chicago: Chicago University Press, 1975). 一部有关启蒙运动晚期最重要的社会科学家的思想传记。

[20] ——, 'Enlightenment and Revolution in France: Old Problems and Renewed Approaches', *Journal of Modern History*, 53 (1981): 281–303. 该文认为，如果我们对旧制度晚期的历史没有更好的了解，就不能恰当地评价启蒙运动对法国大革命的影响。

[21] Becker, Carl, *The Heavenly City of the Eighteenth-Century Philosophers* (New Haven: Yale University Press, 1932). 贝克尔挑衅般地提出哲人们对基督教的破坏意味着他们对于理性宗教有着同等程度的信任。哲人们创造的神话与他们摧毁的一样多。

[22] Behrens, C. B. A., *Society, Government and the Enlightenment: The Experiences of Eighteenth-Century France and Prussia* (London: Thames and Hudson, 1985). 对"开明专制"的理想与效果进行比较研究。

[23] Bene, E., and I. Kovacs (eds.), *Les Lumières en Hongrie, en Europe Centrale et en Europe Orientale* (Budapest, 1975).

关于启蒙运动对中东欧封建政权影响力的论文集。

[24] Berry, Christopher J., *The Idea of Luxury: A Conceptual and Historical Investigation* (Cambridge: Cambridge University Press, 1994). 本书揭示了整个启蒙运动时期围绕奢侈的地位（邪恶还是美德？）进行的激烈辩论。

[25] ——, *Social Theory of the Scottish Enlightenment* (Edinburgh: Edinburgh University Press, 1997). 与格拉迪丝·布赖森（Gladys Bryson）的著作 [31] 相比，该书的研究更新，但稍显难懂。

[26] Blanning, T. C. W., *Reform and Revolution in Mainz, 1743−1803* (Cambridge: Cambridge University Press, 1974). 该书揭示了启蒙运动思想在推动德意志诸侯领地从内部进行官僚制改革的重要性。

[27] ——, *The French Revolution: Aristocrats versus Bourgeois?* (London: Macmillan, 1987). 该书批判了法国大革命是资产阶级革命的观念。

[28] Brown, S. C. (ed.), *Philosophers of the Enlightenment* (Brighton: Harvester Press, 1979). 该书包含有 11 篇权威学者探讨从洛克到康德这些最主要的哲人哲学思想的论文，可读性高。

[29] Bruford, W. H., *Germany in the Eighteenth Century: The Social Background of the Liberal Revival* (Cambridge:

Cambridge University Press, 1952). 重点介绍了与德国启蒙运动相关的文化理想的发展。

[30] Brumfitt, J. H., *Voltaire, Historian* (Oxford: Oxford University Press, 1958). 恰如其分地强调了伏尔泰在对待历史的哲学观念的发展以及开创社会史的发展道路方面的重要性。

[31] Bryson, Gladys, *Man and Society: The Scottish Inquiry of the Eighteenth Century* (Princeton, NJ: Princeton University Press, 1945). 尽管该书出版时间较早，但仍是一本有关启蒙运动时期苏格兰社会思想的优秀的通论著作，尤其它强调了"推测史学"的重要性。

[32] Burckhardt, Jakob, *The Civilization of the Renaissance in Italy* (Oxford: Phaidon, 1981). 经典性地阐述了15世纪意大利文艺复兴时期"人"的"发现"。

[33] Burke, Peter, *The Renaissance Sense of the Past* (New York: St Martin's Press, 1970). 本书考察了近代早期不断增强的历史意识尤其是"时代脱序"（anachronism）的发现。

[34] Byrne, James, *Glory, Jest and Riddle: Religious Thought in the Enlightenment* (London: SCM Press, 1966). 一本生动的欧洲简史。

[35] Cassirer, Ernst, *The Philosophy of the Enlightenment*

(Boston, MA: Beacon, 1964). 本书是最早严肃对待启蒙运动哲学的著作之一，其对 18 世纪思想背后的形而上学的叙述依然最有权威。

[36] Champion, Justin A. I., *The Pillars of Priestcraft Shaken: The Church of England and its Enemies, 1660—1730* (Cambridge: Cambridge University Press, 1992). 论述英国自然神论者最好的一本书。

[37] Chartier, Roger, *Cultural History: Between Practices and Representations* (Ithaca, NY: Cornell University Press, 1988). 作者考察了"文化"一词在 18 世纪复杂的背景和意义。部分论文对启蒙运动思想在多大程度上渗透进了农民的读物之中这一问题进行了研究。

[38] Chitnis, Anand, *The Scottish Enlightenment: A Social History* (London: Croom Helm, 1976). 本书考察了社会经济变革与苏格兰启蒙运动时期社会理论之间的关系。

[39] Claeys, Gregory, *Thomas Paine: Social and Political Thought* (Winchester, MA: Unwin Hyman, 1989). 对历史背景的介绍值得一读。

[40] Clark, William, Jan Golinski and Simon Schaffer (eds.), *The Sciences in Enlightened Europe* (Chicago: University of Chicago Press, 1999). 本书均为原创的、解读性的论文，可与 [121] 共同参考使用。

[41] Cohen, Estelle, '"What the Women at all Times Would Laugh At": Redefining Equality and Difference, circa 1660−1760', *Osiris*, XII (1997): 121−42.

[42] Cranston, Maurice, *Jean-Jacques: The Early Life and Work of Jean-Jacques Rousseau* (London: Allen Lane, 1983). 一本最新的、可靠的传记。

[43] ——, *Philosophers and Pamphleteers: Political Theorists of the Enlightenment* (Oxford: Oxford University Press, 1986). 本书涵盖了从孟德斯鸠到孔多塞在内的法国主要的理论学家，揭示出法国大革命的时代里更为"民粹主义的"思想的兴起。

[44] Crocker, Lester G., *An Age of Crisis: Man and World in Eighteenth Century France* (Baltimore, MD: Johns Hopkins University Press, 1959).

[45] ——, *Nature and Culture: Ethical Thought in the French Enlightenment* (Baltimore, MD: Johns Hopkins University Press, 1963). 在这两本书中，作者克罗克都强调了启蒙运动的自然主义、主观主义和相对主义导致的困境，并批判了作为道德观与社会价值观基础的传统基督教思想。

[46] Darnton, Robert, *The Business of Enlightenment: A Publishing History of the Encyclopédie, 1775−1800* (Cambridge, MA: Harvard University Press, 1979). 一本有关《百科

《全书》的生产与流通的重要著作，强调图书贸易的重要性。

[47] ——, *The Literary Underground of the Old Regime* (Cambridge, MA: Harvard University Press, 1982). 本书将达恩顿有关启蒙运动思想通过出版社、图书贸易商等人而实现普及化的重要论文汇聚成册，强调了"高雅"文化与"大众"文化的区别。

[48] ——, *The Forbidden Best-Sellers of Pre-Revolutionary France* (London: Harper Collins, 1996). 一本讨论法国色情图书如何体现启蒙思想的重要著作。

[49] ——, 'George Washington's False Teeth', *The New York Review of Books*, 27 March 1997. 达恩顿批评了后现代主义者对启蒙运动的抨击。

[50] Davis, Natalie Zemon, and Arlette Farge (eds.), *A History of Women in the West*, vol. iii: *Renaissance and Enlightenment Paradoxes* (Cambridge, MA: Harvard University Press, 1993).

[51] Dinwiddy, John, *Bentham* (Oxford: Oxford University Press, 1989). 对边沁作为思想家和社会活动家的双重身份进行了考察。

[52] Doyle, W., *The Ancien Régime* (London: Macmillan, 1986). 本书对启蒙哲人批评的社会政治秩序做出了重

新评价，是现代出版的最佳简史。

[53] Dülmen, Richard van, *The Society of the Enlightenment: The Rise of the Middle Class and Enlightenment Culture in Germany*, trans. Anthony Williams (Cambridge: Polity Press, 1992). 本书强调了阅读和辩论协会在启蒙思想传播中的媒介作用。

[54] Eisenstein, Elizabeth, 'On Revolution and the Printed Word', in Roy Porter and Mikuláš Teich (eds.), *Revolution in History* (Cambridge: Cambridge University Press, 1986), 186—205. 本文认为出版社和图书贸易对于启蒙运动时期激进思想的传播最为重要，并讨论了它们对于大革命的意义。

[55] Foucault, Michel, *Madness and Civilization: A History of Insanity in the Age of Reason* (New York: Pantheon, 1965). 福柯认为"理性时代"对于"非理性"或者说疯癫没有表现出宽容。启蒙运动的结果是导致疯癫之人被限制自由而非获得解放。

[56] ——, *Discipline and Punish* (London: Allen Lane, 1977). 本书充分地论述了所谓的启蒙思想对于惩罚的态度造成的阴暗影响。

[57] Fox, Christopher, Roy Porter and Robert Wokler (eds.), *Inventing Human Science: Eighteenth Century Domains* (Berkeley, CA: University of California Press, 1995). 本

书是一部关于各门社会科学早期历史的论文集。

[58] Gascoigne, John, *Joseph Banks and the English Enlightenment: Useful Knowledge and Polite Culture* (Cambridge and New York: Cambridge University Press, 1994). 本书揭示了科学对于启蒙时代的人所具有的不同意义。

[59] Gay, Peter, *The Party of Humanity: Essays in the French Enlightenment* (New York: Norton, 1971).

[60] ——, *Voltaire's Politics: The Poet as Realist* (New York: Vintage, 1956). 在这两本书中,盖伊令人信服地维护了伏尔泰作为一个经验丰富、坚持原则的政治活动家和宣传家的声誉。

[61] ——, *The Enlightenment: An Interpretation*, 2 vols (New York: Vintage, 1966—9). 盖伊将启蒙运动视为为我们自身的价值观奠定基础的现代自由人文主义的源头,其论述充满现代同理心,堪称最佳。

[62] Gijswijt-Hofstra, Marijke, Brian P. Levack and Roy Porter, *Witchcraft and Magic in Europe*, vol.5: *The Eighteenth and Nineteenth Centuries* (London: Athlone, 1999). 本书对巫术的法律、社会和思想层面进行了同等程度的考察。

[63] Goldmann, Lucien, *The Philosophy of the Enlightenment: The Christian Burgess and the Enlightenment* (Cambridge, MA: Harvard University Press, 1973). 本书对于马克思

主义史学强调的启蒙运动对资产阶级来说意味着矛盾与悖论的观点提出了挑战。

[64] Goodman, Dena, *The Republic of Letters: A Cultural History of the French Enlightenment* (Ithaca, NY and London: Cornell University Press, 1994). 古德曼特别强调沙龙的作用。

[65] Gray, John, *Enlightenment's Wake: Politics and Culture at the Close of the Modern Age* (London: Routledge, 1995).

[66] Grell, Peter and Roy Porter (eds.), *Toleration in the Enlightenment* (Cambridge: Cambridge University Press, 2000).

[67] Grimsley, Ronald, *Jean d'Alembert, 1717−83* (Oxford: Clarendon Press, 1963). 本书是狄德罗编纂《百科全书》时的伙伴达朗贝尔的传记,浅显易懂。他也是在科学史上有一定重要性的数学家。

[68] ——, *The Philosophy of Rousseau* (Oxford: Oxford University Press, 1973). 格里姆斯利强调卢梭的思想有宗教和前浪漫主义的基础。

[69] Habermas, Jürgen, *The Structural Transformation of the Public Sphere: An Inquiry into a Category of Bourgeois Society,* trans. Thomas Burger (Cambridge: Polity Press, 1989). 原版为 *Strukturwandel der Öffentlichkeit* (Berlin: Luchterhand, 1962)。

[70] Hacking, Ian, *The Taming of Chance* (Cambridge: Cambridge University Press, 1990).

[71] Halévy, Elie, *The Growth of Philosophic Radicalism* (London: Faber and Faber, 1928). 本书仍是有关功利主义思想的最佳历史著作。作者的研究以英国为主，但也关注到部分法国思想家。

[72] Hampson, Norman, *The Enlightenment* (Harmondsworth: Penguin Books, 1968). 这可能是现代最生动的单卷本启蒙运动通史。

[73] Hankins, Thomas L., *Science and the Enlightenment* (Cambridge and New York: Cambridge University Press, 1985).

[74] Hazard, Paul, *The European Mind, 1680—1715* (Cleveland, OH: Meridian, 1963).

[75] ——, *European Thought in the Eighteenth Century: From Montesquieu to Lessing* (Cleveland, OH: Meridian, 1963). 阿扎尔在这两本书中以生动的语言描述了 17 世纪的新科学、学术和地理大发现在 18 世纪引起的思想转变的热潮。

[76] Hipple, Walter John, *The Beautiful, the Sublime and the Picturesque in Eighteenth Century British Aesthetic Theory* (Carbondale, IL: Southern Illinois University

Press, 1957). 本书是一部关于 18 世纪的新美学及其哲学基础的重要论著。

[77] Herr, Richard, *The Eighteenth Century Revolution in Spain* (Princeton, NJ: Princeton University Press, 1958). 本书是迄今有关启蒙运动在西班牙发展（相当有限）的最佳著作。

[78] Hoffmann, Paul, *La Femme dans la pensée des lumières* (Paris: Ophrys, 1977). 本书对启蒙哲人有关女性的本性及其社会地位的态度（经常自相矛盾）进行了最充分的研究。

[79] Hont, I., and M. Ignatieff (eds.), *Wealth and Virtue: The Shaping of Political Economy in the Scottish Enlightenment* (Cambridge: Cambridge University Press, 1983). 本书是一本论文集，将近代亚当·斯密政治经济学的兴起置于在苏格兰盛行的道德与自然法传统的背景下进行考察。

[80] Horkheimer, Max, and Theodor W. Adorno, *Dialectic of Enlightenment* (New York: Herder and Herder, 1972). 本书以批判性的法兰克福哲学学派的观点对启蒙运动进行了批评，认为其广受赞誉的科学"理性"事实证明是独裁主义的而非自由主义的。

[81] Hundert, E. G., *The Enlightenment's Fable: Bernard Mandeville and the Discovery of Society* (Cambridge:

Cambridge University Press, 1994).

[82] Hunt, M., et al. (eds.), *Women and the Enlightenment* (New York: Haworth Press, 1984). 本书是一部开创性研究文集。使用时参考霍夫曼的书 [78]。

[83] Im Hof, Ulrich, *The Enlightenment*, trans. William E. Yuill (Oxford: Blackwell, 1994).

[84] Jacob, Margaret C., *The Radical Enlightenment: Pantheists, Freemasons and Republicans* (London: George Allen and Unwin, 1981). 本书观点颇为有趣，认为在与孟德斯鸠、伏尔泰相关的"经典"启蒙运动开始之前还存在一种激进的启蒙运动。雅各布的某些结论引发了激烈讨论。

[85] ——, *Living the Enlightenment: Freemasonry and Politics in 18th Century Europe* (New York: Oxford University Press, 1992).

[86] ——, *Scientific Culture and the Making of the Industrial West* (Oxford: Oxford University Press, 1997).

[87] Kors, A. C., *D'Holbach's Circle: An Enlightenment in Paris* (Princeton, NJ: Princeton University Press, 1977). 科尔斯揭示了巴黎文人圈的精英们所怀有的最激进的无神论思想存在明显的悖论。

[88] ——, and Paul J. Korshin (eds.), *Anticipations of the En-*

lightenment in England, France and Germany (Philadelphia: University of Pennsylvania Press, 1987). 本书包含 11 篇最新论文，探讨了启蒙运动起源的各方面问题，包括文学、哲学和文化等方面。

[89] Krieger, Leonard, *Kings and Philosophers, 1689—1789* (New York: Norton, 1970). 本书对启蒙运动思想家与"开明专制"之间的紧张互动关系的研究堪称最佳。

[90] Levine, Joseph M., *The Battle of the Books: History and Literature in the Augustan Age* (Ithaca, NJ: Cornell University Press, 1992). 本书追溯了"古代人对现代人"的论战。

[91] Lindemann, Mary, *Health and Healing in Seventeenth- and Eighteenth-Century Germany* (Baltimore, MD: Johns Hopkins University Press, 1996). 本书对欧洲德语国家的医学组织进行了研究。

[92] Lough, John, *Essays on the Encyclopédie of Diderot and D'Alembert* (London: Oxford University Press, 1968). 本书对《百科全书》的作者和内容进行了详细研究，极有价值。

[93] ——, *The Philosophes and Post-Revolutionary France* (Oxford: Clarendon Press, 1982). 本书考察了哲人们的改革方案，并就法国大革命在多大程度上实现了这些方案进行了研究。

[94] Mackie, Erin, *Market à la Mode: Fashion, Commodity and Gender in The Tatler and The Spectator* (Baltimore, MD: Johns Hopkins University Press, 1997).

[95] McManners, J., *Death and the Enlightenment: Changing Attitudes to Death among Christians and Unbelievers in Eighteenth Century France* (Oxford: Clarendon Press, 1981). 本书对旧的基督教与新的启蒙运动在观念、信仰和习惯方面的关系进行了研究，极为重要，也相当感人。

[96] MacNeil, Maureen, *Under the Banner of Science: Erasmus Darwin and his Age* (Manchester: Manchester University Press, 1987). 本书考察了作为一名科学家的达尔文（他是最早提出生物进化论的人之一），以及作为新兴的工业资产阶级代言人的达尔文。

[97] Macpherson, C. B., *The Political Theory of Possessive Individualism* (Oxford: Oxford University Press, 1983). 本书从马克思主义的视角分析了政治自由主义的兴起。

[98] Manuel, Frank E., *The Eighteenth Century Confronts the Gods* (New York: Atheneum, 1967). 本书对启蒙运动试图让宗教去除神秘性进行了研究，颇有启发性。

[99] Marshall, John, *John Locke: Resistance, Religion and Responsibility* (Cambridge: Cambridge University Press, 1994).

[100] Mason, Haydn, *Voltaire: A Biography* (Baltimore, MD: Johns Hopkins University Press, 1981). 现代有关伏尔泰的最佳传记。

[101] —— (ed.), *The Darnton Debate: Books and Revolution in the Eighteenth Century* (Oxford: Voltaire Foundation, 1998). 本书中多位学者就达恩顿论述的"格拉勃街"文化的政治破坏性对法国大革命的影响进行了分析。

[102] Mauzi, Robert, *L'idée du bonheur dans la littérature et la pensée françaises au XVIIIe siècle* (Paris: Colin, 1960). 作者探讨了启蒙运动追求以幸福作为人生目标的新思想对心理与道德的影响。

[103] May, Henry F., *The Enlightenment in America* (New York: Oxford University Press, 1976). 本书是论述美洲启蒙运动的最佳论著,强调殖民地启蒙运动潮流的多样性,并且准确地突出了自由新教在启蒙运动中的作用。

[104] Meek, Ronald (ed.), *The Economics of Physiocracy* (Cambridge, MA: Harvard University Press, 1962). 本论文集讨论了法国经济思想中重农主义运动的思想基础,后者认为所有价值的源头在于土地与农业。

[105] Mornet, D., *Les origines intellectuelles de la révolution française 1715—1787* (Paris: Colin, 1932). 本书对启蒙运动对大革命之前的法国文化的影响进行了开创性研究。作者对认为伏尔泰、卢梭等人是 18 世纪作家中作

品流传最广的传统观点提出质疑。

[106] Myers, Sylvia Harcstark, *The Bluestocking Circle: Women, Friendship, and the Life of the Mind in Eighteenth-Century England* (Oxford: Clarendon, 1990). 本书对那些希望通过精神生活提高自身地位的英国才女进行了研究。

[107] O'Brien, Karen, *Narratives of Enlightenment: Cosmopolitan History from Voltaire to Gibbon* (Cambridge: Cambridge University Press, 1997). 本书揭示了启蒙运动与传统基督教的、圣经的世界史的决裂。

[108] Olson, Richard, *The Emergence of the Social Sciences, 1642–1792* (New York: Twayne, 1993). 本书内容广泛，论述清晰。

[109] Outram, Dorinda, *The Enlightenment* (Cambridge: Cambridge University Press, 1995). 这是迄今为止现代最佳的讨论近期史学研究趋势的著作，是对盖伊[61]的有效补充。

[110] Oz-Salzberger, Fania, *Translating the Enlightenment: Scottish Civic Discourse in Eighteenth Century Germany* (Oxford: Clarendon Press, 1995). 本书对思想的跨文化传播进行了有益的研究。

[111] Palmer, Robert R., *Catholics and Unbelievers in Eighteenth Century France* (New York: Cooper Square, 1961).

作者指出哲人们描述的基督教尤其是耶稣会的歧视与固执基本上只是讽刺。

[112] ——, *The Age of the Democratic Revolution: A Political History of Europe and America, 1760—1800*, 2 vols (Princeton, NJ: Princeton University Press, 1959—64). 帕尔默认为以新的民主思想为基础,在美国独立战争的影响之下,美国和欧洲发生了累积性的政治变革。

[113] Payne, H. C., *The Philosophes and the People* (New Haven, CT: Yale University Press, 1976). 本书敏锐地指出法国启蒙哲人对待人民的同情态度是有限的,并强调教育的作用。

[114] Phillipson, Nicholas, 'Adam Smith as Civic Moralist', in Istvan Hont and Michael Ignatieff (eds.), *Wealth and Virtue: The Shaping of Political Economy in the Scottish Enlightenment* (Cambridge and New York: Cambridge University Press, 1983), 179—202. 本文深刻论述了作为一种新的社会道德模式的斯密的"同情"理论。

[115] ——, *Hume* (London: Weidenfeld and Nicolson, 1989). 本书篇幅简短但仍堪称最佳。

[116] Pocock, J. G. A., *The Machiavellian Moment: Florentine Political Thought and the Atlantic Republican Tradition* (Princeton, NJ: Princeton University Press, 1975). 本书对作为一种"市民人文主义"的传统进行了颇具启发意

义的分析，强调小共和国的美德尤其是深层次的公民参政。

[117] ——, 'Post-Puritan England and the Problem of the Enlightenment', in P. Zagorin (ed.), *Culture and Politics from Puritanism to the Enlightenment* (Berkeley, CA: University of California Press, 1980), 91–111. 本文进一步阐述了编者的英国启蒙运动独特性思想。

[118] ——, *Barbarism and Religion*, 2 vols; vol. I: *The Enlightenments of Edward Gibbon, 1737–1764*; vol. II: *Narratives of Civil Government* (Cambridge: Cambridge University Press, 1999). 本书对吉本的《罗马帝国衰亡史》的背景进行了详细叙述。

[119] Porter, Roy, *Edward Gibbon: Making History* (London: Weidenfeld, 1988). 本书将吉本置于启蒙运动时期史学写作的背景下进行考察。

[120] ——, 'The Exotic as Erotic: Captain Cook at Tahiti', in G. S. Rousseau and Roy Porter (eds.), *Exoticism in the Enlightenment* (Manchester: Manchester University Press, 1989), 117–44.

[121] —— (ed.), *The Cambridge History of Science*, vol. 4: *The Eighteenth Century* (Cambridge: Cambridge University Press, 2000). 本书对启蒙运动时期各门科学进行了全面彻底的分析。

[122] ——, *Enlightenment: Britain and the Creation of the Modern World* (Harmondsworth: Penguin, 2000).

[123] ——, and Dorothy Porter, *In Sickness and in Health: The British Experience, 1650-1850* (London: Fourth Estate, 1988). 本书考察了启蒙运动时期关于健康与疾病以及生与死问题的态度与体验的转变。

[124] ——, and Mikuláš Teich (eds.), *The Enlightenment in National Context* (Cambridge: Cambridge University Press, 1981). 本书中的系列论文考察了启蒙运动在不同国家的不同性质。罗伊·波特考察的是英格兰，尼古拉斯·菲利普森是苏格兰，诺曼·汉普森是法国，西蒙·沙玛是尼德兰，塞缪尔·泰勒是瑞士，欧文·查德威克是意大利，乔基姆·惠利是新教德国，蒂姆·布兰宁是天主教德国，恩斯特·旺格曼是奥地利，米库拉什·泰希是波希米亚，托雷·弗兰斯米尔是瑞典，保罗·杜克斯（Paul Dukes）是俄国，J. R. 波尔是美国。

[125] Proust, Jacques, *Diderot et l'Encyclopédie* (Paris: Colin, 1962). 须与达恩顿的著作 [46] 配合使用。

[126] Racevskis, Karlis, *Postmodernism and the Search for Enlightenment* (Charlottesville: University Press of Virginia, 1993). 本书分析了后现代主义对启蒙运动宣称的它享有获得真知的特权这一主张的批判。

[127] Raeff, Michael, *The Well-Ordered Police State: Social*

and Institutional Change through Law in the Germanies and Russia, 600–1800* (New Haven, CT: Yale University Press, 1984). 本书是对绝对主义国家的开明政府哲学最为扎实的研究。

[128] Redwood, John, *Reason, Ridicule and Religion: The Age of Enlightenment in England* (London: Thames and Hudson, 1976; reprinted 1996). 尽管本书有一定缺陷，甚至有不实之处，但它仍然是有关英格兰思想运动最新的论著。

[129] Rennie, Neil, *Far-fetched Facts: The Literature of Travel and the Idea of the South Seas* (Oxford: Clarendon Press, 1995). 本书探讨了启蒙运动时期旅行游记中事实与幻想的关系。

[130] Roche, Daniel, *Les Républicains des Lettres. Gens de culture et lumières au XVIII siècle* (Paris: Fayard, 1988). 作者利用统计学的方法考察了启蒙运动思想在法国地方各省受教育阶层中间的传播，并对他们的阅读习惯予以论证。

[131] ——, *France in the Enlightenment* (Cambridge, MA: Harvard University Press, 1998). 本书是研究18世纪法国社会文化史的最佳论著。

[132] Roger, Jacques, *Les Sciences de la vie dans la pensée française au XVIII siècle* (Paris: Colin, 1963). 本书对有

关启蒙运动时期法国科学思想发展环境的论述迄今堪称最佳。

[133] Ross, Ian Simpson, *The Life of Adam Smith* (Oxford: Clarendon, 1995). 本书证明斯密绝非只是一名经济学家。

[134] Rossi, P., *The Dark Abyss of Time: The History of the Earth and the History of Nations from Hooke to Vico* (Chicago: University of Chicago Press, 1984). 本书是有关启蒙运动时期宇宙历史的发现以及哲人们对待古代的态度的最佳论著。

[135] Rousseau, G. S., and Roy Porter (eds.), *The Ferment of Knowledge: Studies in the Historiography of Eighteenth Century Science* (Cambridge: Cambridge University Press, 1980). 一本有关启蒙运动时期科学发展状况的论著。

[136] Rousseau, G.S., and Roy Porter (eds.), *Sexual Underworlds of the Enlightenment* (Manchester: Manchester University Press, 1988). 本论文集探讨了启蒙运动时期的思想家和文学宣传家们倡导的性自由面临的矛盾。

[137] Schama, Simon, *The Embarrassment of Riches: An Interpretation of Dutch Culture in the Golden Age* (New York: Knopf, 1987). 作者强调17世纪的荷兰经验具有独特的"现代性"。

[138] Schiebinger, Londa, *The Mind Has No Sex? Women in the Origins of Modern Science* (Cambridge, MA: Harvard University Press, 1989).

[139] Schlereth, Thomas, *The Cosmopolitan Ideal in Enlightenment Thought* (Notre Dame, IN: University of Notre Dame Press, 1977). 本书对启蒙运动时期的"普世主义"即超越国家界限和狭隘地方主义的愿望进行了研究，颇显才能。

[140] Schofield, R. E., *The Lunar Society of Birmingham* (Oxford: Oxford University Press, 1963). 本书对英国哲人群体与工厂主、科学家的互动关系的研究堪称最佳。

[141] Schouls, Peter, *Reasoned Freedom: John Locke and Enlightenment* (Ithaca, NY: Cornell University Press, 1992). 本书对洛克的哲学思想的阐释清晰易懂、颇富才情。

[142] Shackleton, Robert, *Montesquieu: A Critical Biography* (London: Oxford University Press, 1961). 本书论述建立在对原始手稿详细研究的基础上，具有决定性影响。

[143] Semple, Janet, *Bentham's Prison: A Study of the Panopticon Penitentiary* (Oxford: Clarendon Press, 1993). 本书是以边沁手稿为基础的卓越而细致的研究，驳斥了福柯等人过于简单化的研究结论。

[144] Smith, D. W., *Helvétius: A Study in Persecution* (Oxford: Clarendon Press, 1965). 本书对这位具有开创性的功利主义者进行了卓越的研究。

[145] Spadafora, David, *The Idea of Progress in Eighteenth Century Britain* (New Haven, CT: Yale University Press, 1990). 研究极为详尽。

[146] Talmon, J. L., *The Rise of Totalitarian Democracy* (London: Secker and Warburg, 1952). 本书提出了卢梭的自由与公意观念隐藏着现代极权主义的萌芽这一经典观点。

[147] Todd, Janet, *The Sign of Angellica: Women, Writing and Fiction, 1660−1800* (London: Virago, 1989). 本书是关于英国女性作家的重要研究，使用时参考 [149]。

[148] Tomaselli, Sylvana, 'The Enlightenment Debate on Women', *History Workshop Journal*, 20 (1985): 101−24. 本文指出许多启蒙运动思想家相信女性在文明的、先进的现代社会兴起的过程中发挥了重要作用。

[149] Turner, Cheryl, *Living by the Pen: Women Writers in the Eighteenth Century* (London: Routledge, 1992). 与 [147] 配合使用。

[150] Vartanian, Aram, *Diderot and Descartes: A Study of Scientific Naturalism in the Enlightenment* (Princeton, NJ: Princeton University Press, 1953). 本书颇具感性地论述

了笛卡儿对唯物主义思想发展的影响。

[151] Venturi, Franco, *Utopia and Reform in the Enlightenment* (Cambridge: Cambridge University Press, 1971). 作者探讨了共和主义政治思想传统的吸引力以及矛盾性。

[152] ——, *Italy and the Enlightenment*, ed. S. Woolf (London: Longman, 1972). 本书是关于意大利启蒙运动的重要文集。

[153] Vereker, C. H., *Eighteenth-Century Optimism* (Liverpool: Liverpool University Press, 1967). 本书考察了启蒙运动乐观主义的双面性，它也可以被视作一种宿命论的悲观主义。

[154] Vyverberg, Henry, *Historical Pessimism in the French Enlightenment* (Cambridge, MA: Harvard University Press, 1958). 作者反驳了那种认为哲人们都天生是乐观的进步先知的观念。

[155] Wade, Ira O., *The Clandestine Organization and Diffusion of Philosophic Ideas in France from 1700 to 1750* (Princeton, NJ: Princeton University Press, 1967).

[156] ——, *The Intellectual Origins of the French Enlightenment* (Princeton, NJ: Princeton University Press, 1971). 作者的两部著作都是对早期的启蒙运动激进主义的源头与传播的经典研究。

[157] Wangermann, Ernst, *The Austrian Achievement, 1700—*

1800 (New York: Harcourt, Brace, Jovanovich, 1973). 本书是有关哈布斯堡领地内政府与启蒙运动思想互动关系的重要研究。

[158] Watt, Ian, *The Rise of the Novel* (London: Chatto and Windus, 1957). 本书对18世纪作家所开创的新小说的思想源头的研究仍堪称最佳。

[159] Weisberger, R. William, *Speculative Freemasonry and the Enlightenment: A Study of the Craft in London, Paris, Prague and Vienna* (Boulder, CO: East European Monographs, 1993). 本书对欧洲范围内的共济会进行了可信的研究。

[160] White, R. J., *The Anti-Philosophers: A Study of the Philosophes in Eighteenth-Century France* (London: Macmillan, 1970). 本书与贝克尔的《18世纪哲学家的天城》[21]一书一样都是揭露启蒙运动真相的最佳论著。

[161] Williams, Raymond, *The Long Revolution* (London: Chatto and Windus, 1961). 本书对最近三个世纪里资产阶级社会内部媒体的兴起进行了简要研究。

[162] Wills, Garry, *Inventing America: Jefferson's Declaration of Independence* (Garden City, NY: Doubleday, 1978). 威尔斯认为新共和国的关键文献相当程度上都是来自苏格兰启蒙运动的道德哲学和政治思想。

[163] Wilson, Adrian, *The Making of Man Midwifery* (London: University College Press, 1995). 本书对近代早期分娩的历史进行了深刻研究。

[164] Wilson, Arthur, *Diderot: The Testing Years, 1713—1759* (New York: Oxford University Press, 1969). 最佳狄德罗传记。

[165] Yolton, John, *John Locke and the Way of Ideas* (New York: Oxford University Press, 1956). 本书对洛克认识论的革命性质进行了敏锐的研究。

索 引

(索引页码为原书页码,即本书边码)

Act of Union (1707) 《联合法令》(1707):49n, 51

Adams, John (1735—1826) 约翰·亚当斯(1735—1826):4

Addison, Joseph (1672—1719) 约瑟夫·艾迪生(1672—1719): 51, 53

Adorno, T. W. and Horkheimer, Max, *Dialectic of Enlightenment* (1972) T. W. 阿多诺和马克斯·霍克海默,《启蒙辩证法》(1972):8

'Age of Reason', *see* Enlightenment "理性时代",见"启蒙运动"词条

Alembert, Jean Le Rond d' (*c.*1717—1783) 让·勒朗·达朗贝尔(约1717—1783):4, 42, 65

    see also Diderot, Denis and Alembert, Jean Le Rond d', *Encyclopédie* 亦见"德尼·狄德罗和让·勒朗·达朗贝尔,《百科全书》"词条

America, North 北美:4

discovery of 北美大发现：13

Enlightenment in 北美启蒙运动：9

Revolution (1775—1783) 美国独立战争 (1775—1783)：23, 28, 53, 79

see also United States of America 亦见"美利坚合众国"词条

ancien régime 旧制度：ix, 5, 6, 8, 23, 42, 43, 45, 50, 55, 61, 72

anthropology, *see* man 人类学，见"人类"词条

Antiquity, Classical 古典时期

    art 艺术：60

    ideas of man 关于人类的观念：15, 16—17, 56

    politics 政治：23—24

    religion 宗教：34—35

    science 科学：12, 13

    Stoic philosophy 斯多噶派哲学：17, 47

Aristotle (384—322 BC) 亚里士多德 (前384—前322)：60

arts, in Enlightenment 启蒙运动时期的艺术：58—60

astronomy, Copernican 哥白尼天文学：12, 16

Aufklärer 启蒙者：3, 54

Aufklärung 启蒙运动：1

Austrian Empire 奥地利帝国：53—54, 64

Bacon, Francis, 1st baron Verulam (1561—1626) 第一代韦鲁勒姆男爵弗朗西斯·培根 (1561—1626)：15—16, 20

Barruel, Augustin, abbé (1741—1820) 奥古斯丁·巴吕埃尔神

父 (1741—1820): 22, 64

Bayle, Pierre (1647—1706), *Dictionnaire Historique et Critique* (1697)　皮埃尔·贝尔(1647—1706),《历史与批判词典》(1697): 15

Beccaria, Cesare (1738—1794)　切萨雷·贝卡利亚(1738—1794):4, 17, 62

Becker, Carl　卡尔·贝克尔: 19

Bentham, Jeremy (1748—1832)　杰里米·边沁(1748—1832):4, 17, 38, 39, 43, 62, 65

Bernini, Giovanni Lorenzo (1598—1680)　乔凡尼·洛伦佐·贝尼尼(1598—1680): 66

Blanning, T. C. W.　T. C. W. 布兰宁: ix, 52

Bossuet, Jacques-Bénigne (1627—1704)　雅克-贝尼涅·波舒哀(1627—1704): 66

Boswell, James (1740—1795)　詹姆斯·鲍斯威尔(1740—1795): 45, 61

Bougainville, Louis Antoine de (1729—1811)　路易·安托万·德·布干维尔(1729—1811): 56

Boulanger, Nicolas Antoine (1722—1759)　尼古拉·安托万·布朗热(1722—1759): 30

Boulton, Matthew (1728—1809)　马修·博尔顿(1728—1809): 44

Britain, Enlightenment in　英国启蒙运动: 4, 18, 19, 23, 43, 44, 49—50, 53—54, 60—61, 62

　　continental views of　欧洲大陆关于英国的看法: 51

　　see also Scotland　亦见"苏格兰"词条

Bruno, Giordano (1548—1600) 乔尔丹诺·布鲁诺(1548—1600):23

Buffon, Georges-Louis Leclerc, Comte de (1707—1788) 布丰伯爵乔治-路易·勒克莱尔(1707—1788):36

Burckhardt, Jakob (1818—1897), *Die Kultur der Renaissance in Italien* (1860) 雅各布·布克哈特(1818—1897),《意大利文艺复兴时期的文化》(1860):11—12

Burke, Edmund (1729—1797) 埃德蒙·伯克(1729—1797):20, 22, 60, 64

Calas family (Jean Calas (1698—1762) executed for murder) 卡拉斯一家[让·卡拉斯(1698—1762),因谋杀而被处死]:35

Campanella, Tommaso (1568—1639) 托马索·康帕内拉(1568—1639):23

Cassirer, Ernst (1876—1945), *The Philosophy of the Enlightenment* (1951) 恩斯特·卡西尔(1876—1945),《启蒙哲学》(1951):39

Catherine II, the Great (1729—1796) empress of Russia 俄罗斯女皇叶卡捷琳娜二世(1729—1796):6, 23, 45, 47, 52

Catholicism, see Christianity 天主教,见"基督教"词条

Charles II (1630—1685) 查理二世(1630—1685):41

Charrière, Isabelle de (née van Zuylen;1740—1805) 伊莎贝尔·德·沙里埃(本姓范·泽伊伦,1740—1805):45

Châtelet, Gabrielle Émilie, Marquise du (1706—1749) 夏特莱侯爵夫人加布丽埃勒·埃米莉(1706—1749):45

children, feral 野孩子:16

Christianity　基督教
- Bible　圣经：13, 14, 15, 16, 31, 32, 33, 34, 36, 61, 65, 67
- Catholic/Protestant disputes　天主教与新教论战：14—15
- Catholicism　天主教：16, 29, 35, 48, 52, 57
- criticisms of　对基督教的批判：29—30, 34—37
- decline of　基督教的衰落：66—67
- in Enlightenment　启蒙时代的基督教：15, 16—17, 19, 20, 29—37
- history of　基督教史：66
- humanitarian movements　人道主义运动：62
- ideas of dying　死亡观念：61
- ideas of man　关于人类的观念：12
- persecution　宗教迫害：16, 23, 30, 35, 41—42, 66
- Protestantism　新教：33, 35, 52
- sexual taboos　两性禁忌：56

Cicero, Marcus Tullius (106—43 BC)　马库斯·图利乌斯·西塞罗（前106—前43）：12

Coleridge, Samuel Taylor (1772—1834)　塞缪尔·泰勒·柯勒律治（1772—1834）：68

Collins, Anthony (1676—1729)　安东尼·柯林斯（1676—1729）：33

Condillac, Étienne de (1714—1780)　埃蒂安·德·孔狄亚克（1714—1780）：4, 11, 18, 39, 68

Condorcet, Marie Jean Antoine Nicolas de Caritat, Marquis de (1743—1794)　孔多塞侯爵马里·让·安托万·尼古拉·德·卡里塔（1743—1794）：3, 4, 28, 40, 43, 64

on perfectibility of man 论人类的可完善性: 16, 18

Cook, James (1728—1779) 詹姆斯·库克 (1728—1779): 56—58

Cooper, Anthony Ashley, 3rd Earl of Shaftesbury (1671—1713) 第三代沙夫茨伯里伯爵安东尼·阿什利·库珀 (1671—1713): 30, 59, 60

Copernicus, Nicolaus (1473—1543) 尼古拉·哥白尼 (1473—1543): 12

    Copernican astronomy 哥白尼天文学: 13

    (as heresy) （视为异端）: 16

Cosmology 宇宙论

    sixteenth-century 16世纪: 13

    seventeenth-century 17世纪: 12, 13, 16

Counter-Reformation 反宗教改革: 2, 14, 52

Criminology 犯罪学: 61—62

Crocker, Lester 莱斯特·克罗克: ix

Dante Alighieri (1265—1321) 但丁·阿利吉耶里 (1265—1321): 66

Darnton, Robert 罗伯特·达恩顿: 41, 42, 44, 48

Darwin, Charles Robert (1809—1882) 查尔斯·罗伯特·达尔文 (1809—1882): 18, 66

Darwin, Erasmus (1731—1802) 伊拉斯谟·达尔文 (1731—1802): 18—19, 21, 33, 44, 60, 61, 64

death, ideas of 死亡观念: 61

Defoe, Daniel (*c.* 1661—1731), *Robinson Crusoe* (1719) 丹尼尔·笛福（约1661—1731），《鲁滨孙漂流记》(1719): 51, 59

Delacroix, Eugène (1798—1863) 欧仁·德拉克洛瓦(1798—1863): 66

Descartes, René (1596—1650) 勒内·笛卡儿(1596—1650): 2, 13, 14, 15

Diderot, Denis (1713—1784) 德尼·狄德罗(1713—1784): 3, 4, 40, 43—44, 45, 60, 65

 hostile to religion 反对宗教: 29, 36

 patronised by Catherine the Great 获叶卡捷琳娜大帝赞助: 6—7, 23, 47

 Rameau's Nephew (1762) 《拉摩的侄儿》(1762): 59

 Supplément au Voyage de Bougainville (1772) 《布干维尔航行记续》(1772): 56

Diderot, Denis and Alembert, Jean Le Rond d', *Encyclopédie* (1751) 德尼·狄德罗与让·勒朗·达朗贝尔,《百科全书》(1751): ix, 3, 43

discovery and exploration 地理大发现与探险: 13, 16, 56

Donne, John (1572—1631) 约翰·多恩(1572—1631): 14

Doyle, William 威廉·多伊尔: ix

Dutch Republic 荷兰共和国: 15, 36, 51

 as source of Enlightenment 启蒙运动的起源地: 41, 48—49

 politico-religious freedom in 政治—宗教自由: 49

 publishing trade, importance of 出版业的重要性: 49

economic reform, *see* Enlightenment 经济改革,见"启蒙运动"词条

Edict of Nantes (1598), Revocation of (1685) 《南特敕令》(1598)，《南特敕令废除令》(1685)：41

eighteenth century, *see* Enlightenment 18世纪，见"启蒙运动"词条

Eliot, George (pseud. of Mary Ann Evans; 1819—1880) 乔治·艾略特（笔名，本名玛丽·安·埃文斯，1819—1880）：66

Encyclopédie, *see* Diderot, Denis and Alembert, Jean Le Rond d' 《百科全书》，见"德尼·狄德罗与让·勒朗·达朗贝尔"词条

England, *see* Britain 英格兰，见"英国"词条

England, Church of, dissent from 英格兰国教会，非国教派：9

Enlightenment 启蒙运动

  criticisms of 批判：2, 9, 64

  culture, influences on 对文化的影响：56—63

  definition/interpretations 定义与解释：1—10

  economic reform 经济改革：17, 19—20, 50—51, 62

  internationalism 国际主义：47—55

  legal reform 法律改革：17, 61—62

  origins 起源：41—42, 48—49

  political reform 政治改革：7, 22—27, 50—55

  religious reform 宗教改革：4, 8, 9, 16—17, 29—37

  results/achievements 结果与成就：64—69

  science of man, the search for 寻找人的科学：11—21

  'social sciences' "社会科学"：8, 15, 17, 19, 20—21

  see also philosophes 亦见"哲人"词条

Erasmus, Desiderius (1466—1536) 德西德里乌斯·伊拉斯谟

(1466—1536)：66

evolution 进化：18—19

Ferguson, Adam (1723—1816) 亚当·弗格森 (1723—1816)：16

Fontenelle, Bernard le Bovier de (1657—1757) 贝尔纳·勒·博维耶·德·丰特奈尔 (1657—1757)：30

Foucault, Michel 米歇尔·福柯：8, 39

France 法国

    anti-Christian movements 反基督教运动：34—35

    Enlightenment in 法国启蒙运动：40—41, 43, 48, 54—55, 56—57

    Language 语言：47—48

    political system 政治制度：7—8, 25, 53—55, 65

    Renaissance studies of man 文艺复兴时期关于人的研究：12

    see also French Revolution；*philosophes* 亦见"法国大革命"与"哲人"词条

Franklin, Benjamin (1706—1790) 本杰明·富兰克林 (1706—1790)：3, 4, 44

Frederick II, the Great (1712—1786), king of Prussia 普鲁士国王腓特烈大帝 (1712—1786)：7, 23, 47, 52

French Revolution (1789—1799) 法国大革命 (1789—1799)：2, 4, 5, 8, 18, 22, 32, 38, 40, 44, 46, 55, 64, 66

    Enlightenment as cause 作为原因的启蒙运动：9, 55, 66

Galileo Galilei (1564—1642) 伽利略·伽利雷 (1564—1642)：

13, 16, 23, 36

Gay, Peter, *The Enlightenment: An Interpretation* (1966—1969) 彼得·盖伊,《启蒙时代》(1966—1969): viii, ix, 3, 4, 5, 6, 7, 9, 19, 20, 30, 40, 44, 45, 60, 71

Genovesi, Antonio (1713—1769) 安东尼奥·杰诺韦西(1713—1769): 53

Germany 德国: 33, 52—53

Gibbon, Edward (1737—1794) 爱德华·吉本(1737—1794): 4, 6, 45, 47, 52

    hostile to Christianity 反对基督教: 30, 31, 32

    as politician 作为政治家: 7, 43

    Decline and Fall of the Roman Empire (1776—1788) 《罗马帝国衰亡史》(1776—1788): 30, 35, 66

'Glorious Revolution' (1688) "光荣革命"(1688): 50

Godwin, Mary Wollstonecraft (1797—1851), see Shelley, Mary Wollstonecraft 玛丽·沃斯通克拉夫特·戈德温(1797—1851),见"玛丽·沃斯通克拉夫特·雪莱"词条

Godwin, William (1756—1836), *Enquiry Concerning Political Justice* (1793) 威廉·戈德温(1756—1836),《关于政治正义的调查》(1793): 18, 23

Godwin, Mrs William (née Mary Wollstonecraft, q. v.; 1759—1797) 威廉·戈德温夫人[本名玛丽·沃斯通克拉夫特(亦见此词条),1759—1797]: 23

Goodman, Dena 德娜·古德曼: 45

Goethe, Johann Wolfgang von (1749—1832), *Elective Affinities*

(1809) 约翰·沃尔夫冈·冯·歌德(1749—1832),《亲和力》(1809): 59

Goya y Lucientes, Francisco de (1746—1828) 弗朗西斯科·德·戈雅·卢西恩特斯 (1746—1828): 2—3

Greece, Classical, *see* Antiquity 古典时期的希腊,见"古典时期"词条

Hamilton, Alexander (1757—1804) 亚历山大·汉密尔顿(1757—1804): 4

Hampson, Norman 诺曼·汉普森: ix, 54

Hazard, Paul 保罗·阿扎尔: 16

Hegel, Georg Wilhelm Friedrich (1770—1831) 格奥尔格·威廉·弗里德里希·黑格尔 (1770—1831): 38

Helvétius, Claude Adrien (1715—1771) 克洛德·阿德里安·爱尔维修 (1715—1771): 4, 11, 17, 18, 27, 39, 43, 68

Herder, Johann Gottfried (1744—1803) 约翰·戈特弗里德·赫尔德 (1744—1803): 4, 16

Holbach, Paul-Henri Thiry, Baron d' (1723—1789) 霍尔巴赫男爵保罗-亨利·蒂里 (1723—1789): 4, 8, 38, 44

 hostile to religion 反对宗教: 29, 30

 Système de Ia nature (1770) 《自然的体系》(1770): 34

Holland, *see* Dutch Republic 荷兰,见"荷兰共和国"词条

Holy Roman Empire 神圣罗马帝国: 13

Horace (65—8 BC) 贺拉斯 (前65—前8): 1

Horkheimer, Max 马克斯·霍克海默: 8

Huguenots 胡格诺派:15,41

Humanitarianism 人道主义:2,59—60,62

Hume, David (1711—1776) 大卫·休谟(1711—1776):4,39,50,57

 attitude to religion 对宗教的态度:29—32,61

 moral philosophy 道德哲学:11,15,31—32,59

 role in Scottish Enlightenment 在苏格兰启蒙运动中的作用:51

Hutcheson, Francis (1694—1746) 弗朗西斯·哈奇森(1694—1746):59

Industrialization 工业化:19,20,50

Islam 伊斯兰教:32

Italy 意大利

 Enlightenment in 意大利启蒙运动:11,54

 religious persecution (sixteenth/seventeenth centuries) 宗教迫害(16/17世纪):23

 Renaissance studies of man 文艺复兴时期关于人的研究:12

Jacob, Margaret 玛格丽特·雅各布:ix,41

James II (1633—1701) 詹姆斯二世(1633—1701):41

Jaucourt, Louis, Chevalier de (1704—1779) 舍瓦利耶·路易·德·若古(1704—1779):42

Jefferson, Thomas (1743—1826) 托马斯·杰斐逊(1743—1826):4,62

Jesuits 耶稣会士:9,29

Jesus Christ　耶稣基督：42

　　see also Christianity　亦见"基督教"词条

Jews　犹太人：26，48，49

Johnson, Samuel (1709—1784), *Rasselas: The Prince of Abyssinia* (1759)　塞缪尔·约翰逊(1709—1784)，《拉塞拉斯：阿比西尼亚王子》(1759)：58

Joseph II (1741—1790), Holy Roman Emperor　神圣罗马帝国皇帝约瑟夫二世(1741—1790)：52，64

Justi, Johann Heinrich Gottlob (d. 1771)　约翰·海因里希·戈特洛布·尤斯蒂(卒于1771年)：27，53

Kant, Immanuel (1724—1804)　伊曼努尔·康德(1724—1804)：1，4，26，39

Kaunitz, Wenzel Anton Dominik, Count (1711—1794)　考尼茨伯爵文策尔·安东·多米尼克(1711—1794)：53

Kepler, Johannes (1571—1630)　约翰内斯·开普勒(1571—1630)：13

Lamarck, Jean-Baptiste de (1744—1829)　让-巴蒂斯特·德·拉马克(1744—1829)：18

La Mettrie, Julien (1709—1751)　朱利安·拉美特利(1709—1751)：4，11

Languages　语言

　　French　法语：47—48

　　Latin　拉丁语：35，47

legal reform, *see* Enlightenment　法律改革，见"启蒙运动"词条

Leibniz, Gottfried Wilhelm (1646—1716) 戈特弗里德·威廉·莱布尼茨 (1646—1716): 2, 3

Lessing, Gotthold Ephraim (1729—1781) 戈特霍尔德·埃弗拉伊姆·莱辛 (1729—1781): 59, 60

Literature 文学

    Journals 杂志: 51, 53, 67

    Novels 小说: 58—60

Livy (Titus Livius; 59 BC-AD 17) 李维(提图斯·李维乌斯，前59—17): 12

Locke, John (1632—1704) 约翰·洛克 (1632—1704): 18, 20, 27, 45, 50, 61

    Empiricist 经验主义者: 39

    Essay Concerning Human Understanding (1690) 《人类理解论》(1690): 18, 59

    Some Thoughts Concerning Education (1693) 《教育漫话》(1693): 18

    The Reasonableness of Christianity (1695) 《基督教的合理性》(1695): 33

London Stock Exchange 伦敦证券交易所: 26

Louis XIV (1638—1715), King of France 法国国王路易十四 (1638—1715): 15, 25

Louis XV (1710—1774), King of France 法国国王路易十五 (1710—1774): 22, 25, 54

Louis XVI (1754—1793), King of France 法国国王路易十六 (1754—1793): 25, 28, 54, 64

Lucretius (*c.* 99—*c.* 55 BC)　卢克莱修（约前99—约前55）：35

Lunar Society of Birmingham　伯明翰月光社：43, 44

Luther, Martin (1483—1546)　马丁·路德（1483—1546）：12, 33

Mably, Gabriel Bonnot de, abbé (1709—1785)　加布里埃尔·博诺·德·马布利神父（1709—1785）：27, 31, 65

Machiavelli, Nicolò (1469—1527)　尼科洛·马基雅维利（1469—1527）：13

Mackenzie, Henry (1745—1831), *The Man of Feeling* (1771)　亨利·麦肯齐（1745—1831），《多情的人》(1771)：59

McNeil, Maureen　莫琳·麦克尼尔：21

Malesherbes, Chrétien de (1721—1794)　克雷蒂安·德·马勒泽布（1721—1794）：41

man　人类

　　notions of, in Antiquity　古典时期的观念：15

　　in Enlightenment　启蒙时代的观念：11—17, 64—65

　　perfectibility of　可完善性：16, 18

　　primitive　原始时期：16, 30, 56—58

Mandeville, Bernard (*c.* 1670—1733)　伯纳德·曼德维尔（约1670—1733）：17, 50

Maria Theresa (1717—1780), Empress of Austria　奥地利女皇玛利亚·特蕾莎（1717—1780）：45, 52

Marsak, Leonard　伦纳德·马尔萨克：48

Marxist views of the Enlightenment　马克思主义的启蒙运动观：38, 40

May, Henry 亨利·梅:ix, 9

medicine, in Enlightenment 启蒙运动时期的医学:60—61

Mercier, Louis-Sébastian (1740—1814) 路易-塞巴斯蒂安·梅西耶(1740—1814):44

Middle Ages 中世纪

 Christian Church in 基督教会:34—35

 ideas rejected by Enlightenment intellectuals 被启蒙运动时期的知识分子所摒弃的观念:2

Millar, John (1735—1801) 约翰·米勒(1735—1801):16, 51

Milton, John (1608—1674) 约翰·弥尔顿(1608—1674):66

Mirabeau, Honoré, comte de (1749—1791) 米拉波伯爵奥诺雷(1749—1791):7, 38

Mohammed (Muhammad) (AD 570—632) 穆罕默德(570—632):42

Montagu, Mrs Elizabeth (1718—1800) 伊丽莎白·蒙塔古夫人(1718—1800):45

Montaigne, Michel Eyquem de (1533—1592) 米歇尔·埃康·德·蒙田(1533—1592):12

Montesquieu, Charles-Louis de Secondat, Baron (1689—1755) 孟德斯鸠男爵夏尔-路易·德·塞孔达(1689—1755):4, 11, 43, 47, 48, 50, 51, 58, 65

 De l'esprit des Lois (1748) 《论法的精神》(1748):24—25

 Lettres Persanes (1721) 《波斯人信札》(1721):25, 30, 40

 political views 政治观点:27—28

Morelly, Étienne-Gabriel (1717—1778) 埃蒂安-加布里埃尔·摩

莱里（1717—1778）: 27, 65

Moses (*c.* thirteenth century BC)　摩西（约前 13 世纪）: 42

Moslems, *see* Islam　穆斯林，见"伊斯兰教"词条

Mozart, Wolfgang Amadeus (1756—1791)　沃尔夫冈·阿马多伊斯·莫扎特（1756—1791）: 60

Necker, Germaine, *see* Staël, Madame de　热尔梅娜·内克尔，见"斯塔尔夫人"词条

Newton, Sir Isaac (1643—1727)　艾萨克·牛顿爵士（1643—1727）: 13, 19, 20, 45, 51

    Newtonian science　牛顿的科学: 2, 15, 16, 31

nineteenth century　19 世纪

    administrative reform　行政体制改革: 65

    criticisms of the Enlightenment　批判启蒙运动: 2

    industrial society　工业社会: 69

    politics　政治: 23—24

    recovery of academic life　学术生活复兴: 52

    Romantic movement　浪漫主义运动: 1—2, 20—21, 66

    women in　妇女: 45—46

Omai (Tahitian native)　欧麦（塔希提岛原住民）: 16

Paine, Thomas (1737—1809)　托马斯·潘恩（1737—1809）

    The Age of Reason (1794—1795)　《理性时代》（1794—1795）: 64

    Rights of Man (1791)　《人的权利》（1791）: 26

Pascal, Blaise (1623—1662) 布莱兹·帕斯卡 (1623—1662):
13, 66

Philosophe 哲人:3—4, 7—9, 10, 38—46

 Achievements 成就:64—69

 Internationalism 国际主义:47—55

 political ideas 政治观念:22—28, 53—55

 religious ideas 宗教观念:29—37

 studies of man 对人的研究:11—21, 56—57

Pitt, William the Younger (1759—1806) 小威廉·皮特 (1759—1806):64

Plato (*c.* 427—*c.* 347 BC) 柏拉图 (约前 427—约前 347):18

political reforms, *see* Enlightenment 政治改革,见"启蒙运动"词条

Pope, Alexander (1688—1744) 亚历山大·蒲柏 (1688—1744):
11, 16, 34

Portugal, Enlightenment in 葡萄牙启蒙运动:54

 Lisbon Earthquake (1755) 里斯本大地震 (1755):31

Postmodern interpretations of the Enlightenment 后现代主义思想对启蒙运动的解释:2, 8, 9, 39

Priestley, Joseph (1733—1804) 约瑟夫·普里斯特利 (1733—1804):32—33, 44

printing/publishing 出版业:36

 in Dutch Republic 在荷兰共和国:49

 importance in the Enlightenment 在启蒙运动中的重要性:
  41—43, 53, 68

popular journalism 大众新闻业: 44
Protestantism, see Christianity 新教, 见"基督教"词条
Prussia 普鲁士: 7, 23, 26, 48

Quesnay, François (1694—1774) 弗朗索瓦·魁奈 (1694—1774): 7, 26

Racine, Jean (1639—1699) 让·拉辛 (1639—1699): 66
Raynal, Guillaume Thomas François, abbé (1713—1796) 纪尧姆·托马斯·弗朗索瓦·雷纳尔神父 (1713—1796): 31
Reformation 宗教改革: 2, 13, 14, 33, 52
Religion 宗教
    'natural' "自然宗教": 31, 34
    reform of 宗教改革: 4, 16, 17, 29—37
    see also Christianity 亦见"基督教"词条
Renaissance 文艺复兴: 11—13
Restif de Ia Bretonne, Nicolas Edme (1734—1806) 尼古拉·埃德姆·雷蒂夫·德·拉·布勒东 (1734—1806): 44
Roche, Daniel 丹尼尔·罗奇: 6
Rome, Classical, see Antiquity 古罗马, 见"古典时期"词条
Rousseau, Jean-Jacques (1712—1778) 让-雅克·卢梭 (1712—1778): 4, 5, 8, 20, 22, 40, 44
    attitude to women 对妇女的态度: 46
    political theories 政治理论: 22—23, 24, 25, 26, 27, 38
    religious beliefs 宗教观念: 32—33

Royal Society of London　伦敦皇家学会: 61

Russia　俄罗斯: 6, 23, 45, 49

Sade, Donatien, Marquis de (1740—1814)　多纳西安·萨德侯爵 (1740—1814): 59

St. Bartholomew's Day (Paris, 23—24 August 1572), massacre of Protestants　屠杀新教徒的圣巴托罗缪之夜 (1572 年 8 月 23—24 日，巴黎): 35

Scandinavia, Enlightenment in　斯堪的纳维亚半岛的启蒙运动: 33, 52

Schama, Simon　西蒙·沙玛: 48, 49

Schopenhauer, Arthur (1788—1860)　阿图尔·叔本华 (1788—1860): 66

Science　科学: 68—69

  in Antiquity　在古典时期: 12, 13

  of man　关于人的: 11—21, 65—66

  Newtonian　牛顿的: 2—3, 15—16, 31

  and religion　与宗教: 31—32, 66

  seventeenth-century　17 世纪: 13—16

Scotland, Enlightenment in　苏格兰启蒙运动: 11, 29—30, 51, 52, 57, 60—61

Seneca, Annaeus (*c.* 54 BC—AD 39)　安奈乌斯·塞内加（约前 54—39）: 12

seventeenth century　17 世纪: 2

  empiricists　经验主义者: 39

mechanical philosophy 机械论哲学：13—14

   natural philosophy 自然哲学：34

   new science 新科学：13—15

   origins of Enlightenment 启蒙运动的起源：48—49

   politico-religious controversies 政治—宗教论战：41—42

Shaftesbury, 3rd Earl of, see Cooper, Anthony Ashley 第三代沙夫茨伯里伯爵，见"安东尼·阿什利·库珀"词条

Shakespeare, William (1564—1616) 威廉·莎士比亚（1564—1616）：12, 32

Shelley, Mary Wollstonecraft (née Godwin；1797—1851) 玛丽·沃斯通克拉夫特·雪莱（本姓戈德温，1797—1851）：23

Shelley, Percy Bysshe (1792—1822) 珀西·比希·雪莱（1792—1822）：23

sixteenth century 16世纪

   cosmology 宇宙论：12

   politics 政治：23

   religious wars 宗教战争：35

   studies of man 关于人的研究：12

slavery, abolition of 废除奴隶制：62

Smith, Adam (1723—1790) 亚当·斯密（1723—1790）：4, 19, 39, 50, 62

   role in Scottish Enlightenment 在苏格兰启蒙运动中的作用：51

   Wealth of Nations (1776) 《国富论》（1776）：17, 20

Sonnenfels, Joseph von (1733—1817) 约瑟夫·冯·索南费尔斯（1733—1817）：27

Spain 西班牙

 Catholic Church in 天主教会: 36

 war against Dutch Republic 镇压荷兰共和国的战争: 48—50

Spectator 《旁观者》: 51, 53, 67

Spinoza, Benedict de (1632—1677) 贝内迪克特·德·斯宾诺莎 (1632—1677): 34

Staël, Madame de (née Germaine Necker; 1766—1817) 斯塔尔夫人 (本名热尔梅娜·内克尔, 1766—1817): 45

Steele, Sir Richard (1672—1729) 理查德·斯梯尔爵士 (1672—1729): 51, 53

Sterne, Laurence (1713—1768), *Tristram Shandy* (1759—1767) 劳伦斯·斯特恩 (1713—1768),《项狄传》(1759—1767): 59

Stewart, Dugald (1753—1828) 杜格尔德·斯图尔特 (1753—1828): 51

Switzerland, Enlightenment in 瑞士启蒙运动: 32, 33, 53

Tahiti, exploration of 塔希提岛探险: 16, 56—58

Talmon, J. L. J. L. 塔尔蒙: 22

Terence (*c.* 185—*c.* 159 BC) 泰伦斯 (约前 185—约前 159): 58

Thirty Years' War (1618—1648) 三十年战争: 13

Thomas Aquinas, St. (*c.* 1225—1274), Thomism 圣托马斯·阿奎那 (约 1225—1274), 托马斯主义: 2

Toland, John (1670—1722) 约翰·托兰德 (1670—1722): 34, 41—42

Trent, Council of (1545—1563)　特伦特会议 (1545—1563)：12

Turgot, Anne Robert (1727—1781)　阿内·罗贝尔·杜尔哥 (1727—1781)：3, 4, 54, 64

twentieth-century views on Enlightenment　20 世纪的启蒙运动观：viii-ix, 1—2

United States of America　美利坚合众国
 constitution (1787)　宪法 (1787)：4, 28, 50
 Declaration of Independence (1776)　《独立宣言》(1776)：28
 see also America, North　亦见"北美"词条

universities　大学：36, 52, 67

utilitarianism　功利主义：4, 17, 27, 65

Vico, Giambattista (1668—1744)　詹巴蒂斯塔·维柯 (1668—1744)：11
 Scienza Nuova (1725)　《新科学》(1725)：40

Victorians, *see* nineteenth century　维多利亚时代的人，见"19 世纪"词条

Volland (Louise-Henriette), 'Sophie' (1716—1784)　'索菲'·沃兰（路易丝-亨丽埃特·沃兰）(1716—1784)：45

Voltaire (pseud. of François-Marie Arouet; 1694—1778)　伏尔泰（笔名，本名为弗朗索瓦-马利·阿鲁埃, 1694—1778)：2, 3, 4, 5, 6, 20, 42, 43, 44, 45, 47, 48, 57, 62, 66, 74
 appointed historiographer royal　担任王室史官：22
 campaigns against legal injustice　反对司法不公的运动：3, 35

criticises the Sorbonne 抨击索邦神学院：36，52

hostile to Christianity 反对基督教：4，8，29—30，32，34，35—36

patronised by Frederick the Great 获腓特烈大帝赞助：7，23，47

political views 政治观点：24，54，65

praises Newton's achievement 赞扬牛顿的成就：16

Candide (1759) 《老实人》(1759)：3，6，58

Lettres philosophiques (1733) 《哲学书简》(1733)：16，26，40，51

Wade, Ira 艾拉·韦德：42

Watt, James (1736—1819) 詹姆斯·瓦特 (1736—1819)：44

Wedgwood, Josiah (1730—1795) 乔赛亚·韦奇伍德 (1730—1795)：44

Wesley, John (1703—1791) 约翰·卫斯理 (1703—1791)：61

Winckelmann, Johann Joachim (1717—1768) 约翰·约阿希姆·温克尔曼 (1717—1768)：60

Wollstonecraft, Mary (1759—1797), *A Vindication of the Rights of Woman* (1792) 玛丽·沃斯通克拉夫特 (1759—1797)，《为妇女权利辩护》(1792)：45

women in the Enlightenment 启蒙运动中的妇女：2n，45—46，61

Zuylen, Belle van, *see* Charrière, Isabelle de 贝勒·范·泽伊伦，见"伊莎贝尔·德·沙里埃"词条